张謇西服像

图书在版编目（CIP）数据

江风海韵张謇情 ： 张謇故事汇 / 马斌主编. -- 南京 ：江苏凤凰文艺出版社，2021.12（2023.5重印）
ISBN 978-7-5594-5294-8

Ⅰ. ①江… Ⅱ. ①马… Ⅲ. ①张謇（1853-1926）—生平事迹 Ⅳ. ①K825.38

中国版本图书馆CIP 数据核字(2021) 第190938 号

江风海韵张謇情：张謇故事汇

马 斌 主编

责任编辑	白 涵
装帧设计	魏一凡
责任印制	刘 巍
出版发行	江苏凤凰文艺出版社 南京市中央路165号，邮编 :210009
网 址	http://www.jswenyi.com
印 刷	三河市同力彩印有限公司
开 本	787mm×1092mm 1/32
印 张	8
字 数	200千字
版 次	2021年12月第2版
印 次	2023年5月第3次印刷
书 号	ISBN 978-7-5594-5294-8
定 价	49.00元

序

张謇“实业救国”和“教育救国”的生动实践，集中反映和体现了他的爱国情怀、创新意识、诚信品质、责任担当和国际视野，值得我国工商界和广大企业家在建设现代化国家新征程中学习和弘扬。

张謇先生不仅是爱国实业家，还是著名的爱国政治家。清末新政他是全国立宪运动的领袖，辛亥革命他成为民国共和政体建国者队伍中的重要一员。

张謇先生还是著名的教育家。他所创办和参与创办包括在他影响下创办的大中小学达400多所，其中有全国第一所师范学校、第一所纺织高等院校、第一所水利专门学校等多所著名院校。他创建了南通地区完整的教育体系。他还担任过全国教育会会长。

张謇先生还是一位心怀悲悯的慈善家。他在南通地区创办了众多慈善公益事业，形成婴有所育、幼有所教、老有所养、残有所抚、贫有所帮、病有所医等完整的社会公益体系。

张謇先生又是著名的全国水利专家。他担任全国水利局总裁，倾心治水，涉及治淮、苏北大运河工程、苏北新运河工程、扬子江水利工程、南通保坍工程等，为水利事业坚持不懈地奋斗了四十年之久。

张謇先生也是近现代生态文明建设的先驱。他不仅在南通植树造林，从城市到农村，努力优化自然生态环境，而且组织实施全国三江干流的保安林、东北的全国最大森林建设，主持制定了全国第一部《森林法》《狩猎法》等，为生态文明建设提供了法制保障。

此外，张謇还在城市规划与建设、文学艺术等方面有着重要建树和贡献；在为人处世、社会交往等方面有着独特的个性与特质，因此有人说他是“百科全书式”的人物，他的足迹涉及众多的领域，创下了众多的全国第一。所以他不仅是一位“有故事的人物”，而且堪称“有精彩故事的人物”，值得细细品读和体悟。

张謇先生一生所生发的许多动人故事背后的原动力，是“为通州民生计，亦即为国家利源计”。这种为国为民的爱国情怀、为世牛马的责任担当，是他高尚精神的核心，更是后来者在新时代推进中华民族伟大复兴事业中用之不竭的精神动力。

张謇的一生是一本读不完的故事书，从中能够汲取丰富的人生营养，激励我们在新时代有更多创新创造、有更多责任担当、有更多贡献奉献！

张廷栖写于 2021 年 4 月 18 日深夜

目录

中篇 事业里的张謇

下篇　情怀里的张謇

附录

后记

前言

张謇是中国近代史上伟大的人物之一，是近代杰出的爱国实业家、教育家、慈善家和政治活动家。张謇所创造的业绩及其蕴涵其中的精神不仅感动了南通人，也使南通以外的人感奋不已，还使几代领袖人物为之赞扬。然而还是有许多人对张謇不够了解。学术文章毕竟深奥，大部头作品毕竟浩繁，加之现代人的工作生活节奏之快，能够静静坐下来研读、苦读、长读鸿篇巨制的人毕竟有限。因此，我们便萌发了一种设想，能否通过为人们所喜闻乐见的“故事汇”口袋书的形式，把张謇的求学治学故事、创业立业故事、生活交往故事以及张謇人生中的诸多遭遇浅显而生动地呈现出来。同时，南通的许多风物景观也与张謇有关，显现出丰富的人物关系、市井生活，可以触景生情。

本书的编撰旨趣是：有故事好说、有故事说好、有故事好记、有故事好悟；了解张謇生平、感悟张謇思想、崇尚张謇情怀、传承张謇精神，让张謇的故事回荡在江海大地并走向大江南北，“飞入寻常百姓家”。因而，编写一本大众化、通俗化，老少咸宜、内外皆可的读物是非常必要的。透过这些故事，可以使人们在雅俗共赏中感悟张謇的思想、理念和情怀，在江风海韵中领略张謇的伟大、高尚和卓越。

张謇故事，是创业创新者的故事，也是人生旅途上一个普通跋涉者的故事，酸甜苦辣咸、油盐酱醋茶、喜怒哀乐愁等“人间百味”一样不缺。张謇故事告诉我们，唯有奋斗、唯有精进、唯有担当，才能使人生成长与事业发展熠熠生辉。

希望这本故事书，能够带给你更多创造精彩故事的动力、激情与灵感……

上篇　景点里的张謇

张謇与常乐

张謇在《啬翁自订年谱》的开篇中写道："清咸丰三年癸丑（1853年），五月二十五日，卯时。生于海门常乐镇今敦裕堂前进之西室。"敦裕堂是张家老宅的堂号，寓意有敦厚笃实、富庶丰裕之意。这里是张謇年少时生活的地方，青灯黄卷，寒窗苦读。

1894年张謇高中状元，登上了封建科举之路的巅峰，但就在这个时候，中日甲午战争爆发，张謇目睹朝廷腐败，特别是丧权辱国的《马关条约》的签订，对清朝彻底失望了。为了救亡图存，他回到南通兴办实业和教育，"謇抱村落主义，经营地方自治，如实业、教育、水利、交通、慈善、公益诸端。"在家乡，张謇也是先兴办实业，然后以实业所获之利兴办教育和慈善公益事业。1906年张謇在常乐镇西首建造颐生酿造厂，1914年在常乐镇南湾创建了大生三厂。颐生厂酿造的茵陈酒荣获意大利万国博览会金奖，这是中国

海门常乐镇张謇住宅扶海垞内的此君亭

酒类获得的第一枚世博会金奖。大生三厂生产的“魁星”牌、“寿星”牌棉纱质量好，信誉高，成了市场著名品牌，当地出产的粮食棉花成为两个工厂的原料。1904 年到 1914 年间，张謇张詧兄弟及其家人在乡里先后创办了长乐镇国民初等小学、张氏私立初等小学、张徐私立长乐第三初等小学等 6 所学校，为家乡儿童创造读书机会。张謇认为“一国之强基于教育”，他在家乡推行了平民普及教育。

与兴教办学同步，张謇广行济困之举以福泽乡里。他发起募建长乐镇社仓，青黄不接的时候或灾荒之年平价出售或借出，让贫苦百姓渡过饥荒。以私资建造了长乐公厝（cuò）堂，让客居本地的居民或流浪者死后有个葬身之地。为了让无依无靠的鳏(guān)寡老人有个栖身之所，张謇弟兄在常乐镇南湾建造了“老老院”。为了让张氏后人和地方百姓发扬慈善精神，建立“乐善好施”牌坊，亲撰《建乐善好施坊恭记》。

张謇还大兴土木，对镇区街市进行营造建设。他在镇区建造平房 283 间，楼房 18 间，其中不包括颐生酒厂的 103 间和镇区 4 所学校的房产。到了民国初期，常乐镇已成为商铺林立、生意兴隆、人气旺盛的集镇，其中海门地方最大的万丰花行和公司茧行都是新型的股份制企业。和济典当是苏北最大的典当行，老板刘锦藻与张謇同为光绪甲午会试进士，是南浔首富刘镛的次子。

扶海垞内的走邹学轩

最令人瞩目的是镇西头的状元府。虽然范围较大，但是没有琼楼玉宇，不显雍容华贵，形如一座设计精致、建筑讲究的农家大院。乡里乡亲都记得扶海垞（chá）大门上有一副张謇手书的楹联："万木长承新雨露，四邻多是老农家。"街坊邻居都亲切地称呼张謇"张四先生"。人气最旺的当然要数东市香火鼎盛的关帝庙。张謇为关帝庙的戏台、猛将军殿、关帝殿、文昌阁等处题写了多副楹联，为古寺名刹锦上添花。当年常乐童谣传唱道："小小常乐赛苏州，又有典当又有楼……"1921年张謇把公路修到了常乐镇，汽车可以抵达海门、南通，同时又将镇区和周边的道路、桥梁、河流都进行了拓宽改造。

1926年张謇逝世，常乐人如丧考妣（bǐ），纷纷到扶海垞吊丧祭奠，表达哀思。张謇逝世十周年之际，故里百姓和社会名流在常乐镇为张謇建立了张公故里祠堂。

周至硕

张謇与赵亭

清同治十年（1871 年），19 岁的张謇处在人生低谷，一场“冒籍风波”使他身心备受折磨，但是心底里还是渴望在名师指点下多读点书，以增进学业。海门厅学署训导赵菊泉到任后，海门教育在他的管理下很有起色，众多学子纷纷拜他为师。张謇听说赵先生是无锡人士，清道光年间举人，正直而博学，很想投之门下，于是托学友沈仲瑜向赵先生转告心中的愿望。

沈仲瑜向赵菊泉介绍张謇，说道：“他虽然家境清贫，但志向高远，学业出色，16 岁中秀才，朝思暮想拜先生为师。”赵先生略一沉思，接着说道：“你先把他的课业带我看看。”几天后，赵先生翻检张謇诗文作品后面露喜色，频频点头：“年关将近，寒假在即，你转告他，来年元宵之后来学署吧！”

元宵节之后，张謇在父亲张彭年的陪同下来到海门学署拜见赵菊泉先生。赵菊泉见张謇相貌堂堂，举止端庄，言谈得体，一身秀气把寒酸的衣着完全覆盖了。赵先生心中暗喜，当他读罢张謇递上的新近作品之后，不由得连声称道："好！好！"张謇叩头行弟子礼。赵先生笑扶新收的学子，邀请张家父子入座。

从此，张謇师从赵菊泉先生。赵先生教张謇读桐城方氏选编的《四书文》《明正嘉隆万天崇文》《朱子四书大全》等文选。开始，张謇所做的作业被老师勾抹过半，有时还被彻底否定，要求重做。赵先生的严厉，有时使张謇十分痛苦，但想到老师的严格要求是为了自己进步，便暗下决心一定要学好。半年后，张謇的作业被老师勾抹之处渐渐少了，他自己也觉得学得很舒心。

张謇在赵菊泉学署读书三年，学业精进。赵菊泉知道张謇家境清贫，三年里，不收学费，不收膳食费，是难得的严师慈父。三年过去了，张謇因"冒籍风波"而债台高筑，到了年关，债主上门。为了生计，1874 年 22 岁的张謇应江宁发审局孙云锦之邀，准备前往担任文书一职。临行前，张謇到海门厅学署向赵老师辞行，在老师处住了两天，每晚促膝长谈到深夜。赵老师千叮咛万嘱咐，勉励张謇进修学业。临别时，赵先生将两包茶食赠给张謇，并说道："我年老了，寄厚望于你！千万不要忘记我的叮嘱！"张謇热泪盈眶。分手时，细雨蒙蒙如飞沙。张謇行走半里，回头看，还见老师遥望目送，不禁潸（shān）然泪下，心中默默念道：“知己之感，江深岳重，茫茫身世，顾安得报恩于万一哉！”

张謇在江宁府当了两年文书，深得孙云锦器重，被推荐给直隶总兵吴长庆作机要文书，并于 1882 年奔赴朝鲜参与平定“壬午兵变”的军事行动。就在张謇赴朝期间，赵菊泉先生病逝于无锡，但张謇因军务在身，而没有能到无锡吊唁。事后张謇为赵菊泉的相片题字赞颂说：“不城府以漓真，不崖岸以拒人。”“人师之职帜，学官之凤麟。”

光绪二十五年（1899 年），张謇高中状元后第五年，专程到无锡惠山为赵老师扫墓。他伏地而泣，痛心诉说：“献上酒肉祭品，叩头跪拜，怎么能够报答先生三年的教诲、三年的养育之恩啊！”张謇在赵先生的故居内题联：“几百年人家无非积善；第一等好事还是读书。”

1901 年，张謇为铭记师恩，在当年读书的地方，海门厅学署后建造一座纪念亭，题名“赵亭”。亭柱上刻勒着一副楹联：“人通利则恩其师，几席三年，漫落何堪离第列？公魂魄犹乐兹土，衙斋咫尺，风流敬告后贤知。”碑文写道：“无锡赵先生彭渊，官海门训导时，余从三游，提撕奖假，唯恐不至，三年未收学费一文。海门能文之士，亦多游于其门下。比与周彦升、沈仲瑜诸君集议，建亭子于学舍之后，画像刻石，以志遗爱。”

周至硕

张謇与五山

南通五山分别是狼山、军山、剑山、马鞍山、黄泥山，它们地处南通老城西南，位列于长江约六公里长的北岸，山脚下即是滔滔长江，蔚为壮观。有人曾形象地将五山比作笔架，又比作人手之五指。每座山各有其独特的风貌：狼山声名最著，一庙千年，一塔支云；军山最高，因古有军队驻扎，也是观赏日出的最佳之处；剑山介于狼山和军山之间，因山脊形似宝剑而得名，又有山洞可以探幽；黄泥山在狼山之西，泉石幽绝；

南通五山由军山、剑山、狼山、马鞍山、黄泥山组成。图为狼山

马鞍山居于五山最西，怪石峭壁。

民国初年，张謇在所创立的近代南通事业大局已定并逐步兴旺之时，开始了对南通五山的开发与建设，以实现他对南通“一城三镇”近代城市的精美规划。

建设之始，张謇首先从五山林木保护入手。南通的五山，尤其狼山和军山都有成片的树木，而其他三座山仅略见绿色。1912 年张謇在五山地区建立了苗圃，供应树苗，绿化造林，还建立森林事务研究所开展林业研究工作。《啬翁自订年谱》有相关记载：“南通五山故为公有，近山村农樵薪于山，因伤及木，山如童然。前令师范第二次卒业生各植数千株为学校林。”为了保护这些树木不被随意砍伐，特地开辟了环山小河。1915 年张謇在狼山南建场试验植棉，同时在“山北购地辟溪一百六十余丈，使与他港及山南之渠，输写相属，而划农田于溪外，昔之日樵牧旦旦践害之所到，有以限之矣……是溪之辟有利于林甚大，故名以林溪”。狼山之东为军山，为保护军山的大片树林，张謇于 1919 年“买地辟河。四周山河，因以弧形规奥一面，翢弱杀强，视与奥半璧圜环山为田，环田为溪为河，环河为堤，堤上为外路，皆买而得，皆治而成……于林之卫”。在对山林进行有效保护的同时，张謇也十分重视古树名木的保护。1914 年，军山顶上新建气

位于马鞍山西岭的我马楼

象台，有碍一棵古银杏树。张謇得知，在外地专门写信交代办事人员，将气象台位址向前移动，以保该树。由张謇保全下来的这株高大的古银杏至今还挺立在气象台北侧。

在经营五山的过程中，张謇也为自己晚年读书生活建造了一些别墅。先是在狼山山北建造了林溪精舍，顾名思义，此地林木茂盛，水溪潺潺，很是幽静。比较特别的是，精舍旁溪水里有一块大石头，张謇则“借景”命名为磊落矶，大画家吴昌硕还在石头上题了字。另一处是设在军山的东奥山庄，建有受颐堂、倚锦楼等建筑，比起林溪精舍来要宏大庄严，但仍保有乡野的气息。在黄泥山下还有一处西山村庐，因为此处离长江最近，最具田园风格，是张謇最爱住的地方。堂内有张謇集字对联：“看花听竹心无事，问舍求田忘日高。”在马鞍山张謇建了我马楼，“我马”一词出自《诗经》中《卷耳》，当时正逢刺绣大师沈寿去世，再加上调停湘鄂战事失败，张謇身心俱疲，以“我马”寄寓当时的心情。我马楼是张謇在南山所建建筑中最高一处，也是登高览胜的妙地。另外，张謇还在黄泥山卓锡庵边建有虞楼，因为江对岸就是常熟的虞山，张謇的恩师翁同龢的庐墓就在虞山上。张謇作的《虞楼匾跋》记曰：“黄泥东岭，南望虞山，势若相对。虞之西白鸽峰下，则翁文恭之墓与其被放还山后墓庐在焉……”

张謇对于五山公共游赏景观的规划和建设，使得五山成为江北有名的风景观赏区。张謇之子张孝若在《南通张季直先生传记》中写道：“围绕五山，又开通了曲折的林溪和通引江水的小闸，既可增加幽美的风景，也可便利乡农灌溉的用处，所谓一举两得……车马游人，往来不绝。”张謇在给我国近代著名林学家凌道扬编著的《森林学大意》作序中写道：“乃于南通五山植林木三十余万本，养苗木百余万本，行之七八年矣。渡江而来南通者，凭船之舷，望五山岭背亦亭亭然、蔚蔚然，有林之观焉。”

赵翀

张謇与濠河

濠河原为古通州城的护城河，据史料记载，后周显德五年(958年)，“筑城即有河。”到了明万历年间，濠河进一步开挖疏浚，“浚深一丈二尺，广一十五丈，周三千三百六十丈。”开始形成绕城濠河的雏形。濠河现周长10公里，水面1080亩，水面最宽处215米，最窄处仅10米，是国内仅有的保存完整的四条古护城河之一。濠河曲曲折折，迂回激荡，呈倒置的葫芦形状环抱着老城区，形成了“水抱城、城拥水，城水一体”的独特风格，素有“江城翡翠项链”美誉。

由于南通滨江临海的地理位置，加上水利工程年久失修，导致从清末至民国初年，南通城经常发生旱涝灾害。清嘉庆八年（1803年）濠河曾干涸见底，鱼虾几乎绝迹。而在1923年南通雨量特大，自6月中旬至7月中旬，计时30天，全境平均雨量为547.2mm，通城内外受灾严重。对此，张謇首先采取的措施是保坍护岸。他不仅出私资延请外国水利专家来通勘察水情、沿江形势，制成《通州沿江形势图》和《通州建筑沿江水楗保护坍田说明书》，还于1912年成立南通保坍会，张謇亲自出任会长。保坍会前后兴工有10年之久，南通沿江共筑楗18座，楗与楗之间相应的岸墙工程约18里。保坍工程的实施使沿江一带岸线趋于稳定，濠河岸边也少有旱涝发生。

张謇十分重视城市防洪排涝，因为城市防洪排涝直接影响他所兴办的各项事业。他遵循水脉周通、便于取水、排水通畅、直注江河的原则，采取兴建通江通海涵闸，疏浚通江河道等办法，来提高排水标准。1925年，张謇主持整治西南濠河、西濠河、东濠河计467丈，同时还疏浚连接濠河的支河如红庙子河、郭里头河等10条段计1446丈，形成网络分明的濠河水系。同年在大有坝建西被闸、修理盐仓坝闸由任港直通长江，于姚港坝建姚港涵洞由姚港直通长江。通过这些涵闸，可以让濠河旱时纳潮引水，涝时开闸排涝，平时定期开闸排污。这样水流通畅，水质良好，名副其实地发挥了濠河在城区供水、排水、排污等方面的作用。

张謇在城市建设中特别注重城市水系与景观布局的关联。自1917年起，用了4年多的时间，在西濠河沿岸建起了东、西、南、北、中共5座公园。东公园的电影场，西公园的自西亭、京剧场，南公园的千龄观、与众堂，北公园的观万流亭，中公园的魁星楼、宛在堂、卷云轩、嘉会堂等建筑群，都是小巧玲珑、连房复室的西式建筑，屋瓦墙壁，淡红浅绿，鹅黄黛青，色彩调和，入目有幽雅之感。岸边室旁都精心种植了垂柳、碧桃、芙蕖和丛花等，以“回波倒影”增添许多诗意。同时，张謇还在濠河四周兴建了桥梁，如东南濠河的启秀桥和怡亭桥，南濠河的一、二、三、四公园桥，西濠河的跃龙桥，这些既是濠河上的交通动脉，也是五座公园之间的联系纽带。张謇在《南通公园记》中这样描述濠河的美丽景象：“时乎和春霁（jì）秋，烟朝月夕，微风动波，映树明瑟，凫（fú）鸥翔泳，若在镜中。时乎霸风夜号，朔雪晨缟（gǎo），澜波撞搪，声澈(chè)岸屋，山林塔宇，城堞参差，迤逦(yǐlǐ)平原，寒光莹汉。”

经过张謇数年的建设，濠河已逐步发展成集水利水产、供水航运为一体，能引能蓄能控的新水系，它外连长江，北接通扬、通吕两条运河，有姚港、任港及大码头河、郭里头河、濠东河、城山河等几条支河与之相通。濠河沿岸的景观，更增添市民们散步赏景的许多闲情逸致。

赵翀

广生油厂化验室

张謇与唐闸

唐闸，最初是位于南通西北通扬运河边的一座石闸，后发展成城镇，原称唐家闸，更早些时候叫唐家坝。早先是通扬运河之畔的乡间野渡，明代成化二十年（1484 年）建筑石闸，因附近有一唐姓人家而得名。19 世纪末，张謇目睹国力衰弱、民生艰难的惨状，试图以创办实业而利民生，选址有水陆两路之便的唐家闸作为兴办纱厂之地。

张謇首先在唐闸开办了大生纱厂，此后他又在纱厂周围相继兴办了包括磨面、榨油、制皂、冶铁、桑

唐闸工业区全貌。大生纱厂的创办成功，促进了一批企业的兴起，使原来荒漠冷落的唐闸一下子变成了兴旺发达的工业区

蚕染织等附属实业群体，构建了一条科学的产业链。与此同时，张謇还积极启动了唐闸的市政工程建设，辟道路、兴河运、收地引商、建屋启市、开埠通商……一时间通扬运河唐闸段沿岸工厂林立，商埠繁荣。齐备的工业布局与繁忙的水运交通，使唐闸成为苏北地区最大的棉花、纱、布、粮油、竹木加工基地与市场集散中心。

唐闸的布局和镇貌都因张謇的到来而产生历史性变化。工厂开办后，为了便于工人的食宿，在唐闸东西南北的四个方位分别修建了整齐划一的土木结构小瓦平房，称为工房，每户 20 平方米，远远望去犹如小学生上操时排列起来的方队。与此同时，教育、市政、交通等公共配套设施也开始陆续兴建。

文化教育方面。1905 年由大生纱厂、资生铁厂、

广生油厂、复兴面粉厂、阜生蚕桑染织公司共同创办唐闸实业艺徒预教学校，后改为“唐闸实验小学”。1906 年初发起创建私立新育婴堂，堂址在唐闸河东裕稚港北岸，建有园林式两层楼 1 幢、平房 40 余间，面积近 200 平方米，内有小花园，最多时收养婴儿 140 余名。1906 年又建通州第一幼稚园，1912 年兴办保姆传习所。同年 4 月，在大生纱厂内创办织染传习所，次年改名为南通纺织专门学校，1913 年创办镀镍传习所，1918 年创建私立敬孺高等小学等。

交通运输方面。1905 年，以大生纱厂出资为主，共投入白银 1.89 万两，修筑港（天生港）闸（唐闸）路，翌年正式竣工通车，路宽二丈八尺（8 米），全长 5.2 千米，是中国较早的民营公路，也是江苏第一条公路。尔后数年又修建城闸公路，并于 1919 年设立公共汽车

复新面粉公司成立于1909年，利用大生纱厂多余动力磨制面粉。日制面粉1300多袋。图为复新面厂正门

公司，有两部公交车，开辟城闸、城山线路，每天上、下午各一班。

金融贸易方面。1907年8月，根据第一次股东大会决定设立“通海实业公司”，拨出60万两作为通海实业公司股本，专管大生纱厂与大生各企业资金的往来账务。1911年设立储蓄账房，收受职工存款并发行“支单”“钱票”。同年拨出余利捐助设立养老院，并负担日常经费支出。

储运、市政方面。1918年建立占地40余亩大储栈打包公司，有大中小栈房8幢，储栈面积6000平方米，露天堆栈逾万平方米；1920 年建淮海银行港闸分理处和苏棉公司唐闸农场；1913 年创办大生系统仓储企业惠通公栈；同年又创办大聪电话公司，建电话电报局；1914 年兴建南通最早的职工医院；同年成立实业警卫团，辖有两个营，分驻唐闸各大工厂、天生大达轮步公司；1917 年建立邮政局。

民生设施方面。1914 年建造横跨通扬运河的大洋桥；同年始建唐闸公园；1919 年选址河东兴建“红楼”，初供大生纱厂股东高岸九居住，后来改为大生纱厂高级职员私人公寓；1920 年建成河东大操场；在唐闸高岸区建造 420 间工房，同时设立唐闸房地公司，修建“老工房、南工房、东工房、西工房”等工人住宅区，将工房出租给各厂职工及市民。

如果没有张謇，唐闸也许至今还只是一个渡口。

陈天扬

张謇与海堤

通海垦牧公司，是张謇于 1901 年创办的全国第一个农业股份制企业，主要任务是将通海地区吕四盐场的十多万亩滩涂，进行围垦造田。围垦从北至南划分为七个堤。一堤有东、中、西三个圩，东圩在一堤的东北，处于风口浪尖，海浪特别大，处在这里的龙王庙海堤时筑时破、时破时筑。

光绪三十一年（1905 年），张謇在通海垦牧公司最险要的地段将堤身加高加厚，可是每次大风大潮来临，屡屡修补，仍屡屡出险，于是在张謇的指挥下开始用块石护坡，但在大潮水的冲击下块石被冲走了，没有成功。后来筑板堤，将二寸厚、一尺宽、七八尺高的洋松板夹在木桩里，底脚用芦柴，按五尺宽，横一批、竖一批地排列，再用石头压住护脚。实践结果正如张謇先生在《通海垦牧公司第十八届说略》的附录中所描述板堤失败的情况：

“不意七月十九至二十一日正当大汛之尾，连日东北风，潮度骤增，第一堤东北角陡涨五尺，潮乘风势，浪击堤顶，最当冲之六十余丈，所有护堤板桩多被激拔，护堤石板亦被撼翻。其南北两段无板石护坡之百余丈大受损伤，约共刷去土三千四百余方。”

再用木板加石墩子护坡也没有成功，木板也被海水冲走。张謇还想用保坍的办法筑海楗，却在实践上行不通，直至张謇为此怀着遗愿离开世界也未能彻底解决。

到了 20 世纪 30 年代后期，公司水利工程处主任邱云章，请了南通祥兴建筑公司于育之承包，由于育之工程师设计，建成了钢筋混凝土的水泥堤，有效地阻挡了海浪冲击，保护了海堤，实现了张謇先生多年

垦区内的七孔闸

的遗愿。

寒来暑往，时光流逝，随着历史的辗转，水泥堤淡出人们的视线，被人所遗忘。到了 20 世纪 90 年代，时任南通市港闸区农业水利局的陈卫东工程师，在实地调查水利工程遗址时，在黄海滩涂上见到了一排巍巍而立的水泥墩子而感到震撼，当时不知道为何人所建和所名，临时为它取名“挡浪墙”，向上级写了报告，因此形象又生动的“挡浪墙”之名被广为流传，又被南通市列入文物保护单位名录。许多人还以为是荷兰水利工程师亨利克·特来克的杰作。

21 世纪 20 年代，随着通海垦牧公司老职工邱云章口述史料的发表，有人进行了考证才发现，称“挡浪墙”的水利工程原来有其名为水泥堤，它并非亨利克·特来克设计，那时的亨利克·特来克已殉职整 20 年了，设计者“南通于育之，是建筑工程师，骑岸镇人，当年 50 多岁”。该工程由邱云章实施，他说：“我搞木板堤 4 年，……除原先板桩外，又加了 2 尺长的铁螺栓，外有撑桩，内有拉桩，却并无效用，最后改为水泥堤。”

今天，从海复镇出发，汽车往东北方行驶约一刻钟，便来到了当年建造的巍巍海堤。再沿着堤顶往东前行，只见堤外 50 米左右的海水中，有一条黑压压的长龙由远及近，与原龙王庙海堤平行的水泥“挡浪墙”突现眼前。大海的浪涛拍击着它，浪花翻卷回入大海，它让大堤的石坡避免了冲击，让堤岸形成双保险。今天仍有400多米完整地保存着。日日潮涨潮落，岁岁狂风巨浪，西端部分水泥板已被冲得残缺不全，有的只剩下一个个钢筋混凝土墩子。

将水泥用来防洪，最早是1888年的黄河堤工，1893年用于重修湖南常德城墙及防洪石堤，而用于海岸防护工程，并以钢筋混凝土水泥堤，后来并不多见。当时中国水泥的生产和应用很少，而这么大量的水泥、黄砂、石子、钢筋，在当时水陆交通不发达的时代，从外地运抵垦区海边工地，是不容易的。将水泥预制品埋进大海貌似城墙，从而建成钢筋混凝土的水泥堤（挡浪墙），这样的创意是令人惊奇的。

现在的“挡浪墙（水泥堤）遗址公园”无声地诉说着这段历史。

张廷栖

张謇与江岸

1926年农历六月二十四，74岁的张謇虽然身体不适，但是仍冒着酷暑，由水利工程师宋希尚陪同，来到长江边视察沿江保坍工程。没想到回去后不久，由于病情加重，不幸与世长辞。可以说，张謇为南通江岸的保坍事业，操劳至生命的最后一刻。

长江虽然是“黄金水道”，但也经常带来灾害。清末南通江岸坍塌加剧，1907年从天生港至姚港10多公里江岸大坍。眼看江岸坍塌日益威胁沿江田地和百姓安危，而官府却消极应对。1908年，张謇自掏腰包3000多银圆，聘请上海浚浦局总工程师荷兰人奈格（约翰斯·特来克）来通查勘江流，设计保坍方案。1911年3月15日，“南通保坍会”在张謇主持下成立。1914年6月，保坍会在通召开了一次盛大的水利学术研讨会，张謇邀请中国河海总工程师贝龙猛以及荷兰、瑞典、英美等国的水利专家共商南通沿江保坍方案。

长江芦泾港水楗

筑楗工程

经会议商量决定，保坍工程采用修坝和筑楗双管齐下的方法。1916年3月聘请荷兰水利工程师奈格之子亨利克·特来克为驻会工程师，建筑沿江水楗。兴工历时10余年，到张謇去世前，保坍会在南通沿江共筑楗18座，楗与楗之间相应的岸墙工程约18里，使沿江岸线逐渐趋于稳定，成效明显。宋希尚在《河上人语》一书中，曾这样写道："一，以南通小邑，竟与长江水力相搏斗，唯张公之力谁能办到？二，以一县地方水利问题，竟能请到世界水利专家数十名之多，躬临踏勘，几成国际上研讨专题，全国未见其二。三，以一县之力，维护长江袭击，中央与省均袖手旁观，为世界各国罕见。四，因张公领导，地方协助征收亩捐，自卫自助，此所以南通为地方自治之楷模，难能可贵。五，在经费支出困难中，此项筑楗保坍，竟能保卫二三十里天天坍陷之江岸，为保坍工程放一异彩。”

从这段话可以看出，江岸保坍工程的兴办，张謇居功至伟。而他主要的功劳在两个方面：一是人才使用，二是经费筹措。保坍工程中表现突出的两位水利工程师，都是张謇大力选拔的。一位是外籍工程师亨利克·特来克。特来克曾跟随父亲奈格来通协助勘测，非常了解江岸形势和坍塌原因，经他修改过的筑楗方案，能在保证效果的前提下极大地节约费用，符合南通保坍会资金十分薄弱的实际情况。而且他年轻壮健，不计较报酬，张謇经过深思熟虑，决定把保坍重任交给这个外国小伙子。特来克到南通工作后，果然没有辜负张謇先生对他的信任和厚望，他带来西方先进的水利工程技术，对南通保坍贡献巨大。另一位是本国工程师宋希尚。他毕业于张謇创办的河海工程专门学校，在南通保坍会见习，给特来克做助手。特来克感染霍乱不幸去世后，宋希尚临危受命，负责主持遥望港工程，他兢兢业业地使遥望港工程圆满完工，获得张謇的赞许。张謇后来资助宋希尚赴美国深造，临行前殷殷嘱托，盼其成才。宋希尚学成回国后，对中国水利事业做出了卓越贡献。

江岸保坍是南通人民在没有任何政府资助下进行的一项自治工程，经费困难。虽然张謇在江边并无一寸土地，但是他还是不顾年事已高，为筹资保坍奔走呼号。经过 3 年的协调争取，南通保坍会陆续收到公产田款数十万元，全部充作保坍经费，但是不到 3 年，钱就用完了，而工程只建设了一半。由于与南通隔江相望的江阴和常熟县为了多淤沙田，在江边筑起了两道坝，江流改道，南通刚建成的水楗又遭到损坏。因此与江阴和常熟方面又经过前后数年的争执，得到赔款若干万，以及部拨 10 万，保坍得以第二次施工。张謇为保坍经费的筹措，真是殚精竭虑、鞠躬尽瘁。

陈春华

张謇与口岸

为了便利交通和贸易，张謇在筹办大生纱厂的时候，就策划将通州的天生港开辟为通商口岸。“至内河道仅十余里，其东至海门，西至靖江、如皋、泰兴、泰州，北至东台、兴化、盐城，凡八州县，一水可通，而天生港适为枢纽之地。”

天生港的开埠对于长江北岸很多地方的经济有促进作用，为此张謇动用了诸多人脉争取，首先是1899年山东道监察御史余诚格奏请天生港自开商埠。余诚格，字寿平，与张謇同为1885年顺天乡试举人，两人之后以“同年”相称，张謇日记中就有两人交往的记载。余诚格1889年进士，授翰林院编修，张謇1894年高中状元，授翰林院修撰，两人成为同事。余诚格还在大生纱厂初创时期存过款，1910年三月初九曾致信张謇，从“存大生之款暂提规元五千金”。

1904年张謇致信两江总督兼南洋大臣魏光焘，陈

天生港海关的海关楼和仓库

述南通各企业购买的物料从上海运到南通，都在长江中起卸，经由驳船转运，风吹浪打危险得很，因此张謇准备在天生港以趸船作为轮步，解决通州长江口岸没有码头的问题。张謇请求魏光焘指示上海道与江海关税务司协商，派遣关员到通州查验。

张謇1905年致函两江总督兼南洋大臣周馥，禀告业已根据上海道的要求，按照海关进出货物列表，将通州内河一带货物出入情况报告给了上海道，并送交江海关税务司，税务司好博逊当面答应派副手前往通州实地查看。张謇希望周馥指示上海道转饬（chì）好博逊而派副税务司到通州勘察。1905年10月，张謇再次致函周馥，阐述天生港开埠的缘由，函中提到“沪关殷副税司刻已遵饬来通，查勘关埠”。1905年底，好博逊将有关天生港开埠事宜的来往函件抄录后，连同江海关在天生港实地绘制的地图，以及张謇提供的通州进出货物列表，全部报送海关总税务司。

1906年清政府批准天生港暂作可以起下货物之不通商口岸，交江海关辖理，并由江海关道（上海道）会同税务司另订专章详夺。1906年12月张謇到天生港视察埠头施工情况，然后随“大通”轮赴上海与好博逊会晤，议题就是天生港开埠事宜。

1907年2月好博逊派江海关副理船厅鹤而生（哈乐森），与大生纱厂翻译一同搭乘“鄱阳”船，前往通州查看天生港埠头事宜。鹤而生回上海后向好博逊禀报天生港码头建筑情况，“码头现已在动工创造，自岸边起至江心筑木椿（zhuāng）250尺。外筑浮桥两顶，自25尺至30尺长，15尺至20尺开阔，一边放在方木椿之上，一边放在平底驳船之上。另外再作浮桥两顶，长30尺至40尺，阔15尺至20尺，接连趸(dǔn)船。”此外还对用作趸船的“威靖”兵船，以及另外一艘“铁壳鸭尾船”如何移放码头，提出技术上的建议。

1907年10月，根据总税务司的要求，作为江海关税务司的好博逊又把后续产生的涉及天生港开埠的往来函件，包括上海道瑞澂迭次给江海关的来函，汇总上报税务处。之后在好博逊给瑞澂的另外一封信中，还附录江海关所拟的天生港征税试行办法、查勘埠头趸船绘图的说明等。1910 年江海关南通县洋关分关设立，1936 年 1 月 1 日撤销。1935 年 12 月 11 日，大生第一纺织公司董事长徐静仁呈文国民政府财政部关务署，要求收回裁撤南通分关的成命。如果江海关南通分关裁撤，货物需要去镇江或者上海报关转运，不仅对大生第一纺织公司，对江北的农工商也都是深重的打击。由此可以看出当年张謇的努力，给南通乃至南通经济辐射的地区带来的便利。

朱江

张謇与盐场

自古以来苏北沿海产盐，盐场密布，分属淮南、淮北，合称“两淮盐场”。辛亥革命后，民国临时政府委派张謇任两淮盐政总理，机关驻上海。上任伊始，时值隆冬。张謇要去看看烧盐的灶地。按照官衔此行配有轿班、二爷、卫兵，前呼后拥。海边寒风凛冽，张謇穿着狐皮袍套。抵达灶地时，因冬季熄灶，眼前只望见一片烧盐荒场，一堆一堆散在灶场上的矮草棚。

通海垦牧公司堤渠工程

通海垦牧公司大堤工房

1903年，张謇为改良盐业在吕四创办了同仁泰盐业公司，自任总理，盐场生产出的盐以高质量赢得广泛赞誉

轿班在灶场边停下来，喊人没有答应。走近一个草棚，但见一扇矮草门。推开，看到有人在草堆中动。再喊也无人应答，一个卫兵刚要爬进去看看，忽见一男子臂上挂着一篮草籽走了过来。瞧见官轿吓坏了，跪倒在地上。

张謇看到这情形，马上出轿，亲自扶他起来问他道："这棚子里住几个人？"男子答道："有六口人，连我在内。"又问道："为什么喊你们不出来？"男子回答："我家六口，只有一条棉裤。我要洗草籽、做饭，这条棉裤给我穿了，他们没有裤穿，不能出来。"张謇把身上的十块钱，再向两个随从借了六块，共计十六块钱交给灶民，叫他们每人买一条棉裤穿。首次视察灶场，给了张謇极大的刺激。

隔年到了夏季，张謇再次赴灶场看烧盐，呈现眼前的却是另一番景象。骄阳下的灶场热火烘烘、忙碌

晒盐场

非常。走近盐灶，一看灶民烧盐干活，张謇吓了一大跳。人钻灶炉烧盐，烤到全身发红，吃不消而返身出来，在烈日底下深呼吸乘凉。烧盐的日子，灶民吃大麦饭和盐萝卜，到了冬天大麦饭也没得吃，只好吃草籽。张謇目睹此状，深叹："灶民所过生活，是人类最苦的生活！"他把目光投向海边漫漫滩涂，看到一望无际的草荡，草长得比人还要高，专长草仅供烧盐。清廷盐法规定：荡地只准长草，不准垦种。这是第二次张謇感到极大的刺激。

第三次给张謇带来无法忍受的刺激是他回到扬州，原定此行不赴盐商任何宴会，但公务必须谈判，张謇不得不应邀赴会。盐商们照着习惯预备宴席。餐桌周围镀银，桌中央有一个相当大的镀银圆洞。忽然，厨子牵了一只脑壳毛拔光的猴子，绑在桌底下，脑壳完全露出桌面圆洞。主人邀客入席，说："这是一桌名菜，叫作'吃猴脑'。"厨子拿起银锤，将猴脑敲破，取去脑盖。猴子在桌下叽叽叽叫，客人和主人在谈笑中，用银匙取出猴脑畅吃，口口声声赞其美味。席中唯独张謇气得发抖，辞席而去。

受到这一系列刺激以后，张謇决意辞去盐政总理，并上书临时政府，要求废止盐法，准许人民开垦灶地。同时在南通、启东划地试办垦牧，这就是通海垦牧公司。袁世凯上台后组织内阁，委任张謇为农商总长。张謇就职后的第一件工作，就是废止盐法，实行"废灶兴垦"的农业改革。不久他干脆辞官回乡兴办实业，同时以通海垦牧公司为引领，发动一批有志于苏北沿海开发

垦区风景

的实业家纷纷在黄海滩涂创办盐垦公司，掀起了中国农业史上前所未有的大规模垦殖和移民大潮。昔日“烟火三百里，灶煎满天星”的苏北海滩，经过开发，一跃成为国内最大的棉垦区和重要的商品棉基地。伴随废灶兴垦进程，近代苏北沿海灶民大部分脱离“灶籍”，和移民一样成为盐垦公司的佃户。1931 年，苏北沿海七县(启东、海门、通州、如皋、东台、盐城、阜宁)棉田面积达 460.3 万亩，占江苏省棉田的二分之一，全国总棉田的八分之一。

姜平

跃龙桥建成于1920年，位于南通城西濠河与通扬运河的交汇处

张謇与桥梁

南通城内水道纵横。因水而有桥，因桥而生景。位于市区跃龙路和任港路东延段交叉路口，当年可以看到一座三跨式桥梁，那就是西被闸桥。

张謇、张詧为水闸取名为“西被”，寓以西流入江、泽被南通之意，凡在南通城以东的都取名为“东渐”，谓东流入海。亨利克·特来克担任保坍会工程师期间负责设计水闸，孙支夏也参与了该闸的设计。

横跨大洋桥，连接唐闸两岸街市

唐闸公园

1925 年西被闸开始筹建，净宽 6.73 米，闸顶高 4.30 米，1926 年 4 月，西被闸竣工。当时通扬运河与任港河直接相通，两河之水经西被闸与濠河畅流无阻。

跃龙桥位于南通濠河的西南，1920 年由建筑大师孙支夏设计。跃龙桥历时四个月建造完工，耗费达 18 000 元之巨，为张謇三哥张詧祝寿礼金和社会各界捐助。由于该桥犹如长龙卧波，且与西侧的起凤古桥相对，所以张謇为其取名为跃龙桥，桥长约 87 米，宽 14 米，共有 13 环洞，为木梁结构，桥面设有车行道、人行道，横跨于南通西濠河与运盐河交汇处的运盐河之上。跃龙桥竣工典礼那天，南通城内万人空巷，人流如潮。因为跃龙桥的建成缘于张詧的寿诞，所以在建桥时桥的每片铸铁栏杆上都有“寿”字纹样，铸铁栏杆后移至南通博物苑内用于藤东水榭的建造。1987 年，运盐河被彻底填没，跃龙桥遂不复存在，只剩下因桥而有的跃龙路的名称了。

古老的通扬运河将唐闸镇分为东西两个部分，很长一段时期，这里仅是一个被大片农田包围的小集市。1895 年随着大生纱厂在唐家闸兴办，这个名不见经传的小集市一下子变得热闹起来。但是当时唐闸河西至河东的人来人去，除了杨家湾(原为范家渡)、管家渡等几个地方有渡口，可以摆渡到河东河西外，其余则必须绕行很多路才能到达对岸，出行很不方便。开办大生纱厂后，缺少堆放棉花、纱以及布的堆栈。拟建大型仓库“大储堆栈”，需要运输大量建筑材料到河东渔池港北的建筑仓库，于是 1906 年张謇在通扬运河上建起了一座长 40 多米的木桥，这座桥取名为大洋桥。

为开通内河和长江航运业务，港闸河延伸到泽生水利公司北的北川桥，张謇嘱大生纱厂庶务课经办，在位于唐闸西市街中段，造了一座横跨港闸河的木结构桥——西洋桥，后在建造全国第一条民营公路时，将高岸街南首的这条“西洋”木桥改建为水泥桥，桥上原有铁栏杆、铁索，花纹石上镌刻“西洋桥”三字，因位于唐闸西边又是唐闸当时建筑比较讲究的石板桥，带有西洋风格，故称西洋桥。在西洋桥街两旁，商贸发达，有百货、药店、小吃店、理发店和茶食店等近百家。

张謇考虑到纱厂职工有 3000 多人，为方便上下班而需再建造一条便桥。大生纱厂有一个门在西洋桥东，此处修建了一座人行道桥即放工桥。这座桥是钢筋水泥结构，桥面不宽，可并行10 余人，进出一部卡车。

民国之初，张謇在西南濠河一带创建了五个公园，被河所隔，于是建造了公园一桥、二桥、三桥、四桥。南通与张謇或大生有关联的桥还有很多，例如闸港桥、北川桥和疏航桥、步行桥、南憩亭桥、赵家高桥等。

黄鹤群

张謇与公园

张謇在近代南通的城市建设中，非常重视园林化和生态化，其目的是要努力为市民提供舒适的生活和工作环境。通过他的努力，南通很早就成为一座掩映在绿树丛中、适合人居的美丽城市。据时人陈翰珍记载:“道路两旁夹植杨柳，春夏之交，柳叶成荫，微风一起，飘飘动摇，殊增许多风景。”

在张謇的认知里，“公园者，人情之囿（yòu），实业之华，而教育之圭表也。”有鉴于唐闸公园的成功经验，1917 年起张謇用了四年多时间，针对不同人

中公园建于西南濠河的洲沚上，四面临水

东公园是为妇女儿童所建的娱乐休闲场所

南公园为敬老尊贤而建，建有千龄观等

西公园

北公园远眺

群，在南通西濠河沿岸陆续建起了东西南北中五座公园。初建北公园，次建中公园、西公园，再次为南公园及东公园。

北公园位于濠河东北岸，景物清幽。水边设听渔处。主要功能以体育运动为主，园内有各种体育健身设施，如弹子坊、网球场，球场后有木桥，称“公园第一桥”，过桥即至“观万流亭”，在亭中可遥望五山。亭下水中停泊一船，因购于苏州名为“苏来舫”。1923 年七夕佳节，因张孝若作为北洋政府专使行将出国考察欧美实业，又恰逢苏来舫修缮完毕，张謇邀约一群友人泛舟濠河之上，为儿子张孝若送行。“会饮众宾，皆有作，极一时之盛。”这些朋友包括：曾为江苏省议员、商务印书馆美术部主编的费范九；以扶贫济危、捐助公益名闻通州、被尊为南通三苦之一的习位思；张謇门生、近代南通诗人徐贯恂；张謇的贴身秘书管石臣；南通金石书画会的创办之一、《艺林丛刊》创刊人俞吟秋等。

中公园与北公园隔岸相望，四面临水，建一桥与岸相通。建有戒旦堂、魁星楼、水西亭、宛在堂、适然亭、回碧楼、嘉会堂、清远楼等建筑。建筑内陈列了各类古碑字帖及佛经，供游客参观欣赏。园中辅道萦回，

马鞍山“有有亭”由张謇修建，出自唐刘禹锡《陋室铭》“山不在高，有仙则名；水不在深，有龙则灵”

苍松翠柏佳卉掩映，铺以层沙之路，水有飞挠画舫、岸列槐梧桑杨芙蓉李桃的园林景观，使得中公园成为五园中赏景的最好的去处。《中公园歌》这样唱道：“公园好，最好是中央。漠漠四周云水裹，参差几处露红墙，隔岸遥相望，齐拍手，今日喜非常。嘉会堂中宾客满，古魁楼上国旗扬，军乐听洋洋。”

西公园位于西濠河的西岸，由建在中间的自西亭，分为南北两部分，作为市民游玩娱乐的主要场所。南面是动物园，北面开设通俗演教场、竞潜船坞和游泳场。

南公园位于中公园南面，四面临水，建有千龄观、静医香榭和与众堂。南公园的职能主要是教育与宣传，建有帘和与众堂。与众堂中设置会众榜，用于公示在教育、慈善、公益等方面的杰出贡献者的姓名。1924年张謇、张詧等老人在千龄观为百岁老人陆兆华祝寿。张謇为此作诗，以“敬老吾侪（chái）事”之语，引导全社会尊敬老人。

东公园位于濠河东岸，公园只有西侧临河，园内设置游乐设施如秋千、旋转木马等。将东公园规划为妇女儿童活动园，园中建有晚翠春红馆，展览女教、婴戏之图，为妇女学习教育所用。室外植有桑林可供观赏休闲，也为儿童准备了滑台、转车、秋千等娱乐设施。

五公园堤桥相接，亭阁相连，湖光相映，是20世纪20年代兴建的最具南通地域特色的园林景区。张謇为此写道：

南通胜哉江淮皋，公园秩秩城之濠。
自北自东自南自西中央包。
北河有球场枪垛可以豪。
东河有女子小儿可以嬉且遨。
南可棋饮西可池泳舟可漕。
楼台亭树中央高，林阴水色上下交。
鱼游兮縰縰（x　丫），鸟鸣兮调调。
我父我兄与我子弟，于此之逸，
于此其犹思而劳。南通胜哉超乎超。

赵翀

更俗剧场，建成于 1919 年

张謇与剧场

张謇对于戏剧特别是京剧艺术的爱好由来已久，早年赴京参加会试就曾多次听过京戏。1908 年为唐闸育婴堂募捐，张謇曾特邀著名京剧艺人汪笑侬演戏宣传；1912 年年底到上海，日记上就有连日约友看戏的记载；1914 年到北京政府任职后，公务之余则更多观看京戏。张謇如此热衷于戏曲艺术，一方面是看戏已成为举国狂迷的时尚娱乐，另一方面，则得力于他深厚的古典文学修养，使他不是喜欢热闹，而能深刻领会、欣赏传统戏曲所包含的文学性、艺术性。这从他的诗文、札记、信函中可略窥一斑。1916 年 10 月张謇在上海观看了梅兰芳排演的《思凡》《春香闹学》《嫦娥奔月》《黛玉葬花》等新戏，即写信给梅兰芳，对于他的表演予以了精当的评论与商洽。如对梅兰芳的配角姜妙香的人物刻画，他认为，“妙香唱‘远而望之’四语，头巾气重，须改，否则与全场唱法不类。”这段评价很在行，言简意赅，从音乐、舞美、语言风格等几个方面表述了他对戏曲的精辟见解，显示出他在戏曲方面崇尚雅正的艺术品位。

对于戏剧的爱好与雅赏，并不足以引发张謇创办戏剧事业的兴味，而是近代社会的时势，以及南通地方自治的需要，增强了张謇对戏剧改革的信念。他认为，“戏剧不仅繁荣实业，抑且补助教育之不足。”张謇对戏剧改革有自己的初步设想，也就是：一、新建一个剧场；二、创设一个训练班，培养正当艺人；三、继承、发扬传统戏剧艺术，如对昆曲艺术的传承，于京剧中恢复古舞。1917 年秋至 1919 年春，张謇数次致函梅兰芳，告诉他期望从事戏剧事业的意愿，并在信函中讨论了具体实施的周期、可行性、经费预算等问题。

张謇创办戏剧事业，首先想到的便是建造剧场，1918 年初曾先行建造了“茶园”性质的西公园剧场。1919 年夏，新剧场动工，建筑借鉴了上海新舞台及北京最新剧场的式样，同年的 11 月 1 日即落成开幕。剧场外观呈马蹄形，舞台上引进了最新式的布景设备，全场安排座位 1200 多，宽敞通风，同时，剧场的音响效果极佳，观众无论在什么座位视觉、听觉效果都极好。欧阳予倩对此非常满意，他说道：“剧场很拢音，在楼上楼下最后一排都听得很清楚，而且比上海的大舞台、第一台、天蟾之类的舞台都适用。”剧场落成开幕时，张謇邀请京剧大师梅兰芳来通献演他倾尽毕生心血精雕细刻的拿手杰作《贵妃醉酒》，并与欧阳予倩同台献艺。为纪念和表扬两位艺术大师的卓越成就和团结合作，张謇在更俗剧场前台大门的楼上，设梅欧阁，亲书匾额“梅欧阁”，并撰书联语一副：“南派北

张謇特辟更俗剧场会客室为“梅欧阁”，并题楹联“南派北派会通处，宛陵庐陵今古人”

派会通处，宛陵庐陵今古人。”期望广大艺术家能够互相携手，互取所长，共同进步。张謇与他三兄张詧随即在《公园日报》上撰文发表了《更俗剧场缘起》，说明探索戏剧改革的目的所在：1. 提倡通过戏剧艺术以劝励世俗；2. 除陋布新，改良脚本、编演劝世戏剧，发挥戏剧引导和劝惩的功能。与同时代中国都市的剧场不同，更俗剧场的观众以老百姓为主，无论是建筑构造还是管理章程，都与现代剧场没有差别，而取名“更俗”，更清楚地体现了张謇“以改良戏曲为改良社会措手处”的主张，更俗剧场成为张謇实施社会改良工程的实验基地。

“伶工学社”的策划初始于 1916 年秋。张謇在致梅兰芳的信中完整地提出了自己的计划，此后经过三年周密的协商筹备，并采纳梅兰芳的意见，将规模扩大为 50 人，1919 年秋伶工学社正式成立，请来欧阳予倩主持。这是中国现代戏剧学校的滥觞（shāng）和雏形，它是中国历史上第一个由企业资助的完整独立的戏剧教学机构，而更俗剧场正是伶工学社教学成果展示的地方。

张垣

张謇与别业

张謇故居濠南别业是南通市区最火爆的网红“打卡”点之一。每年四月下旬，楼南蜿蜒至屋顶的两株百年紫藤盛开：西侧开白花，别名银藤，飞瀑泻玉，疑闻环珮璆然；东侧开紫花，藤花紫蒙茸，藤叶青扶疏。在二十多天花期里，从清晨到日暮，楼前游人如

濠南别业为张謇在南通城区建造的第一座自己的住宅，1915 年落成，1926 年 8 月 24 日张謇病逝于此

张謇与家人在濠南别业松竹坛前合影。从左至右：二孙女柔武、长孙女非武、儿媳陈石云、三孙女粲武、张孝若、张謇、长孙融武、吴夫人、四孙女聪武、养子佑祖、养子襄祖

织，纷纷前来拍照留念。前来参观的人们常常为“别业”二字疑惑。其实，“别业”不过是别墅的一种雅称，张謇出生于海门常乐镇，老家宅园取名“扶海垞”，因而把在南通的这一住宅叫作“别业”。

在建濠南别业之前，张謇在南通几乎没有固定住所，或在大生纱厂，或在通州师范，或住博物苑内。早在1912年张謇便有建宅的打算，是年三月二十七日的《张謇日记》这样写道：“作濠南别业联，集句。”在页眉上写着两副对联，“入水不濡（rú），入火不爇(ruò)；与子言孝，与父言慈。”“将为名乎，将为宾乎，天下奚用；瞻望父兮，瞻望母兮，终身之思。”后来这两副对联分别被用在了濠南别业的二楼议事厅和三楼的先像室中。《啬翁自订年谱》中记载，民国三年(1914年)五月：“余于通无住处，分博物苑西北地营濠南别业。”

1915年，濠南别业落成，张謇举家迁入。他的门生江谦作联祝贺:“有庇人广厦万间,最后乃营五亩;非举国蒸民饱食,先生何暇安居。”这副对联真切表达出对张謇在地方兴办实业、教育等事业初具规模获得成效之后，才营建自己住宅的感动之情。

濠南别业是张謇在南通的第一座住宅，是一座融园林和住宅为一体的建筑群，坐北朝南，与濠河北岸张謇三兄张詧的住宅城南别业隔河相望。大门内两侧附房有廊屋，是门房、车库、工房、厕所等。主体建筑位处正中，是一座英式四层砖木结构楼房，红色铁皮屋面，南北两侧西式老虎窗、东西两侧烟囱，都是西洋的巴洛克建筑风格。大楼墙体立面中西纹饰结合，墙壁以青砖饰面，白灰勾缝，层与层间用两排机制红砖砌成红色线条装饰；门窗高大宽阔，窗框上用红砖砌成拱形窗楣，两侧还有红砖拼成的璎珞装饰。大楼结构承重多以罗马建筑中科林斯式柱和爱奥尼式柱为主，皆有旋涡纹连接花绳纹，颇有意大利文艺复兴时期建筑风格。大楼北立面西式风格尤其突出，正中是钟楼式立面，三联拱券门，拱券门上方是西式长窗，窗侧列有红砖砌成的圆柱，两侧是山花墙立面，墙的转角处都建成带西式倚柱。大楼正门在南边，除了风

张謇与家人合影。濠南别业东北角的古皂角树，是张謇规划博物苑时特意保护下来的

格鲜明的罗马柱，两侧弧形回旋而上的楼梯别具一格。这座楼的设计，出自中国近代著名建筑家、南通人孙支夏之手，据说是参考北京西郊原慈禧太后住过的畅观楼而放大规模的。该楼被视为中国近代吸收西洋建筑艺术的典型作品，它的图样被录入《中国建筑史》。

别业大楼南边是花圃，内植各色梅花；再南是漏窗围墙，中有门通往博物苑草坪。楼西有“过街楼”与1920年建的西楼相连接。西楼北有花房和小花圃，南有核桃林，再南便是壶外亭和葫芦池。两楼之间有围墙相隔，近围墙处则是一排竹林。楼东为厨房，房北走廊内有门通向花竹平安馆院落。大楼北边院中有山石围成的一处松坛，内植古松一株。这株松树原在南郊军山之东，相传是清代乾隆年间的通州状元胡长龄所手植。濠南别业落成时，乡民王氏以此树作为贺礼相送。因为松树高大，当时曾特铺临时铁轨来搬运，费时达三月。张謇还写过《移松行》长诗来记此事。松树下当年还塑铁鹤一对。

全家迁入的年底，张謇为儿子张孝若举行了庄重的冠婚礼。第二年张孝若有了子女，家中喧闹，张謇不能安静理事，于是在长桥西侧另建濠阳小筑居住。张謇再度住入濠南别业，则是在1926年8月他临终前20天，病魔终究夺去了他的生命。噩耗传出，人们纷纷赶往别业内的灵堂祭奠。

赵翀

张謇与小筑

位于环城南路 21 号的张謇纪念馆，原名濠阳小筑，是张謇晚年居住的家院，建于 1917 年，是现存张謇时期近代建筑中唯一一座外观为中国传统建筑风格的宅院。濠阳小筑南临濠河，西南与当时的五公园隔水相望。濠阳小筑由一幢二层楼和多座小庭院组成，占地面积约 1860 平方米，建筑面积 1200 平方米，主体建筑有敞厅、花厅和曼寿堂，前有长廊。小院落有 5 座，位于正前方和左右两侧。整个庭院中呈现出中国传统造园艺术风格的花墙、漏窗、月亮门、花架散见院中，梅兰竹菊、玉兰、海棠、牡丹、桂花满目皆是。

1916 年底张謇的长孙女非武出生，濠南别业家中喧闹，张謇便另选清静之地方便于治事。1917 年农历九月初四濠阳小筑开工，当年年底完工。因建筑在濠河北岸向阳之处，所以取名濠阳小筑。

张謇于濠阳小筑内留影

濠阳小筑内第二进院落北部的一座砖木二层小楼是张謇晚年主要的生活区域，张謇将小楼取名曼寿堂。为什么叫作“曼寿堂”呢？张謇在《濠阳小筑曼寿堂跋》中写明其堂名的由来：“濠阳小筑为留先叔父故居之纪念。甫成，以半借雪君养疴，而半为吾暇时之休止。叔父始尝讳寿，雪君则复名寿，欲寿者，古今人之所同也。汉《安世房中歌》言‘世曼寿’，曼故有引而长之之义，乃取以名吾堂。”

曼寿堂建成后，张謇还从五山移来一株罗汉松，至今有二百多年的树龄。张謇有首诗《曼寿堂前移松》记之：“小松移植自南山，高据池中叠石间；爱汝欣欣有生意，要将风雪保坚顽。”《张謇日记》中记录：“二十五日濠阳小筑种树。”《日记》中还接着记录，“二十九日回常乐。舟中作濠阳小筑堂联。”其中所说的“堂联”，便是张謇集古人语句而撰成的曼寿堂联：“某树某丘，敬爱有加，我童子时钓游所在；可坐可濯（zhúo），起居惟适，亦大丈夫闲处之为。”从中我们可以了解到，张謇三叔曾购宅于此，儿时的张謇常在这里嬉戏玩耍，童年的美好记忆是他选择此处建宅的原因之一。张謇的三叔喜爱植物，常于宅外河边栽种柳树。因此，濠阳小筑建成之际，张謇为外厅作一联：“荫门臣叔亲栽柳，隔岸公园列次花。”

濠阳小筑建成后，第二年的正月初六，张謇便将濠阳小筑的一半房间借与来通传授绣艺的沈寿居住养病，直到 1920 年南通绣织局建成，沈寿才搬去绣织局居住。沈寿去世后，张謇曾写过一组题为《惜忆》的诗，其中一首写道，“割宅分墙自一家，乘春缓缓七香车。”说的就是借宅的事情，而另一首中的“绣馀壁镜绣讴娥，六角方亭晏影过”，所说“六角方亭”，就是指位于濠阳小筑最西南角的红色铁皮小亭，沈寿当年借住时，将此亭作为她的绣室。

六角亭是濠阳小筑中一个西式建筑小品，虽为西式，却与周边中式建筑、幽静典雅的环境浑然一体，让观者不禁感叹当年张謇营建濠阳小筑时精美而独到的艺术构思。日记里还记载，“民国十二年(1923年)五月十三日，雨。华成董会在濠阳小筑。午后大有晋董事、股东会。”在濠阳小筑度过的生命的最后十年里，张謇并没有在这里颐养天年，他依然忙碌于地方各项事业，在国家最艰难危困的时刻他也没有忘记维护民族的尊严。对外，他极力主张撤废卖国的“21条”，争取税法公平；对内，他为保通海一隅苦心经营的自治成果，艰难地调和各派军阀。在需要他提供援助时，他总是义不容辞，或参与，或担当，直到生命的最后一刻。

赵翀

张謇与别墅

张謇到了晚年，曾有退隐的想法。

为什么要退隐山林呢？他的儿子张孝若曾说过一段话，一听就知其中奥秘："我父 70 前后，看了国事的扰乱，没有一年宁息，国势随之不振，人民痛苦，依然不能解除；南通实业教育自治等事业，因为连年的天灾兵祸，直接间接的摧残影响，不能再推广发展，只有尽量保持相当的现状。我父曾说过：'一个人一生要定三个时期，30 岁以前是读书时期，30

林溪精舍建于狼山北麓

岁到六七十岁是做事时期，70岁以后又是读书时期。’所以我父将到70岁，就心心愿愿准备实践他那第三时期读书的计划。可是读书和做事不同，要有个冷静幽雅的地方，配上野僻安闲的环境，所以我父就在南山一带及江口，造了许多别墅亭榭……他不时去住几天，读书吟咏其间。”

张謇因此建造了南山别墅，最具规模的要数林溪精舍、东奥山庄和西山村庐三处地方，其中要数林溪精舍为最早。林溪精舍开始建造于1916年2月，7月落成完工。因为依傍在山林小溪旁边而取名林

狼山北麓的观音院

东奥山庄，是张謇家祠所在

马鞍山之北的西山村庐，最具田园景色

1921年始建的梅垞，是张謇精心营造的庄园

溪精舍。林溪原是张謇在狼山规划建立植棉试验场而开辟的一条用于灌溉的小河，围绕着狼山东北麓而沟通江港。林溪精舍就建在溪水之畔，它的房舍平面像曲尺一样，外边是围廊，看过去还是一座长方形平房。尽管占地面积并不太大，但倚山临水、树木环抱，门前还有一座小木桥横跨溪水之上，还是有些幽深典雅的情趣。

林溪精舍南边，张謇还营建了观音禅院。张謇有多首题写精舍的诗作，都写到邻院隔墙的钟鼓声，还写到绣楼，说的便是观音禅院里的赵绘沈绣楼。林溪精舍的北边风景更美，其中最有名的是翕（xī）崖和大小磊落矶。翕崖上刻有张謇的翕崖铭，大小磊落矶上除有近代书画大师吴昌硕的篆书题名外，还有张謇的《新辟林溪记》。张謇经常在这里散步徜徉，并创作了很多诗词。他还常常呼朋唤友在这里聚会吟咏，客人尤其难忘张謇在林溪精舍旁建造的鹤亭，亭内笼养着双鹤，齐声“鹤鸣”是精舍的又一景色。

林溪精舍风景虽好，但它的建筑毕竟偏小，不利于日常起居和友朋聚会。张謇便在马鞍山、黄泥山一带营建了西林建筑，除山下的西山村庐外，还有梅垞、虞楼、澳亭、介山楼、我马楼、圆觉精蓝、牟尼阁等，都分布于两山的上下。东林的建筑集中于军山之中，除山上的刘亭、后张榭等，为主的是东麓的东奥山庄。在张謇营建的五山建筑中，东奥山庄的规模最大。张謇曾设想将这个地方作为他的养老之处，因为连他家的家庙都设在山庄之内。东奥山庄的主体建筑为受颐堂，在受颐堂内，悬挂有十六幅古人画像，分别为李白、颜真卿、王安石、文天祥、范仲淹、包拯、范纯仁、孙文忠、文徵明、杨涟、史可法、徐达、王守仁、黄宗羲、顾炎武、王夫之等张謇所崇尚敬仰的古人，他是为了能时常激励自己和家人。

受颐堂后紧靠山根的是倚锦楼，它是张謇准备在此优游终老的建筑。在建造倚锦楼时，他曾写过一篇《倚锦楼铭》，好像对这个楼的最终结局有些担忧。事实上，张謇的忧虑并非无由，世事沧桑，倚锦楼以至整个东奥山庄、整个东林建筑，后来确实荡然无存。

赵鹏

张謇与啬园

位于南通狼山东北约 3 公里处的啬园，是张謇生前自己选择的长眠之地。老百姓以前一直称之为啬公墓。1958 年南通市政府命名为南郊公园，1985 年更名为啬园。今天的啬园是国家重点文物保护单位，也是狼山风景名胜区的重要组成部分。

1908 年，张謇的原配徐夫人（徐端）逝世，葬于老城东南文峰塔院东侧，张謇曾有“百岁以后归于其居”的想法。后来他把自己的墓地最终选择到啬园，期望在一生劳碌而“遗留一二有用事业”后在这里安息。这有他独到的想法。据称，这个墓地正对着剑山，剑山山顶文殊台仿佛香炉，狼山支云塔和军山气象台各列两旁恰似蜡烛。张謇生前为他自己的墓门预先作了一副对联：“即此粗完一生事，会须身伴五山灵。”

1926 年 8 月 24 日，张謇因先前巡视江堤感染风寒，医治无效病逝，社会名流如蔡元培、梁启超、

张謇辞世后，国内外各界人士发来唁电。1926年11月1日，南通举行了有史以来规模最大的出殡仪式，数以十万计的百姓自发前来送别。图为张謇出殡仪式

这是张謇的长眠之处。墓地是他生前选定的。位于南通南郊，与长江之滨的五山相邻

黄炎培等人均发来唁电。南通各工厂与商店停业半日、学校停课三天，通城下半旗三日致哀。张謇的众多学生在张謇墓地周围每人植一棵树，时称“弟子林”，为啬园如今成为南通不可多得的植物大观园奠定了基础。

1926年11月1日，南通举行了隆重的出殡仪式，送葬队伍规模浩大，全城万人空巷，一路为张謇送别的乡人有数十万之众。走进墓园，首先映入眼帘的是一座石牌坊。墓阙石额正面刻有“南通张先生墓阙”七个字，石额背面镌刻了墓阙铭，都是由著名书画家李苦李（业于南通翰墨林西园，擅长书画且精于篆刻，首开南通书画印风气）手书的。

1930 年 4 月，在张謇墓前增立了青铜站立塑像。张謇身着西式大衣，右手握着文卷，双目凝视前方的南通五山，仿佛对家乡一山一河与一草一木有着无限的眷恋，又好像有着无限的事业等待着他继续“为世牛马”“终岁无停趾”。

20 世纪 60 年代的政治风暴伊始，张謇铜像被毁，墓地被挖。

风雨过后，1982 年在江苏省人民政府和南通市人民政府的关心下，张謇和其子张孝若的骨灰复葬原处，墓地复原。1984 年恢复矗立张謇铜像。2000 年又将张謇徐夫人、吴夫人和儿媳的骨灰落葬于张謇墓的西侧。此后，政府先后多次扩园植绿。现在啬园北部为墓茔区，有张謇墓、张孝若墓和张氏女眷墓；中部为纪念区，有张氏飨（xiǎng）堂、憩厅等建筑；南部为休闲区，围绕小溪有鱼乐廊、曲桥、迎宾小筑、映山楼等景观。

如今占地一万余平方米的张謇墓园，已是古木参天、绿意盎然的城市绿肺和氧吧。每天都有不少游人前往凭吊，节日更多。西南侧的南通五山更因张謇英灵的陪伴而愈发青翠挺拔。

沈玉成

张謇与祠堂

海门常乐镇是张謇出生地，张謇逝世十周年前夕，故里百姓与社会名流的思念之情与日俱增，经地方官府同意，决定把常乐镇关帝庙后殿改建成张公故里祠堂。至今完整保存着由张謇学生刘伟撰写的《张公故里祠堂记》石碑，详细记载了这一过程。

碑文开篇写道，乡里人民为怀念先贤，计划立祠堂纪念。无奈“国家多故，民生厄隘，海门复比岁螟蜮，宏规大起，力惧不克任”。于是考虑“社庙即关帝庙，有后厅九楹可改建，庶费省，事易集”。由此可见，当时以关帝庙后厅改作张公祠是权宜之计。那么，为什么故里百姓在生计十分艰难之际还要建立张公祠堂呢?

碑文写道，张謇的道德、学问和事业，不但全县全国的人看得清楚，而且在欧洲、美洲也闪耀着光辉。先生开创的业绩，我县百姓受惠最深。为张謇设立祠堂来纪念他，可以激发后人向往追慕的思想感情。碑文的末了，还表达了愧疚、期待之意：“异日，有大力者……以隆体制，以壮观瞻，与‘高义园’辉映大江南北。”当时的人们就盼望日后有能力、有作为的人为张謇立专祠，扩大规模，给人雄伟的印象，像范仲淹的祠堂“高义园”一样，辉映于大江南北。

当年以常乐镇关帝庙后厅改建的张公故里祠堂，于 1936 年农历八月落成，先生的牌位、遗像被恭恭敬敬迎入祠中，并用酒饭祭奠成礼。祠堂内悬挂不少达官贵人、社会名流的匾额，张謇的社会影响力由此可见一斑。以后几十年的外患内乱，张公祠堂饱经风雨、破败不堪，直至 1969 年已被挪作他用的关帝庙以及张公祠被夷为平地。

1986 年，地方政府在张公故里祠堂旧址上，建造了张謇史料陈列室，1995 年进一步扩建，1999 年正式成立海门市张謇纪念馆。著名社会活动家、经济学家费孝通题写馆名。2009 年，常乐镇的张謇文化开发建设工程在地方政府的筹划下全面推进，重修张公祠堂是其中的一个重要组成部分。

重新修建的张公祠位于常乐镇状元街东首，祠堂前面耸立的牌坊是根据 1936 年张公故里祠堂大门的牌坊原貌复建的，原牌坊横额上的“张公祠”三字为辛亥革命元老、民国政府主席林森所题。张公祠门楼的楹联是张謇生前亲笔书写的：“今人能为古人事，述者当知作者心。”楹联的意思是，现代人能够做古人做过的事情，继承古人事业的人应当理解革新者的良苦用心。楹联蕴含着精深的哲理，于后人颇具启示。

走进门楼，迎面照壁上刻勒了张謇的名言：“天之生人也，与草木无异。若遗留一二有用事业，与草木同生，即不与草木同腐。”绕过照壁，张公祠堂便隐现于苍松翠柏之间。张公祠堂是座具有清代风格的殿堂式建筑，高大轩敞。大门上方的“张公祠堂”匾额由张謇嫡孙张绪武题写。走进大门，迎面是张謇的坐姿塑像，身着西装，目视远方，器宇轩昂。塑像背后是张謇日记节选，手迹沉稳、厚重。塑像上方高悬着“天民先觉”金字匾额，落款是“弟子江谦”。祠堂内东西两壁张挂有张氏族谱、宗祠图文以及张謇亲书的《家训》，还有反映张謇决心脱离宦海投身实业的《张季子荷锄图》，和表达张謇开发苏北沿海滩涂坚强决心的画作《东海牧夫长五十小像》。张公祠堂的院落宽敞秀丽，当年整座关帝庙只是其中的一隅而已。院内假山池沼布局有致，亭廊桥榭相互映衬，古木花卉点缀其间，鸟语如歌，花香幽郁，一派江南园林的景象。

80 多年前，百姓希望后人为张謇设立专祠，使张公的祠堂像苏州天平山南麓范仲淹的祠堂“高义园”一样。如今，这一夙愿终于得以实现。

周至硕

中篇　事业里的张謇

张謇与科举

科举是隋代以后各封建王朝设科考试选拔官吏的制度，也是农家子弟改变自己乃至整个家族命运的主要出路。张謇的父亲张彭年寄希望于张謇刻苦攻读，通过科举考试金榜题名，光宗耀祖。

正当张謇满怀雄心壮志，跃跃欲试准备进入科举考场的时候，一条深深的鸿沟挡在他的面前。按科举制度规定，凡三代没有做过官或者没有中举的，被称为“冷籍”，“冷籍”的子弟一概不能进考场参加考试。由于张謇祖上世代务农，没有参加科举之人，自然属于“冷籍”。不得已，张謇的老师宋璞斋出了个主意，在他的建议下，搞了个“借籍”，认了一如皋人为祖父，并改名为张育才。同治七年（1868 年），张謇以“张育才”之名在如皋参加了县试，后又参加了通州的州试和院试等科举考试，并顺利通过，考取第 26 名附学生员，获得秀才称号。

按道理说，考中秀才是件很值得高兴的事儿，但谁会想到，张謇所认的“祖父”是个大烟鬼，为人阴险狡诈，在得知张謇考中秀才的消息后，借机向他们家敲诈勒索，张謇的父亲不得不变卖田地，几乎倾家荡产，使得张家原本的小康之家变得负债累累。这还不算，一旦遭到拒绝，这个“祖父”还会向官府告发张謇不孝。最终忍无可忍的张謇主动请求革去自己的秀才身份，让其回通州原籍重考。他的这一做法得到了通州知州孙云锦等正直官员的支持，最后经礼部核准，张謇终于在同治十二年(1873年)被划归通州本籍秀才。

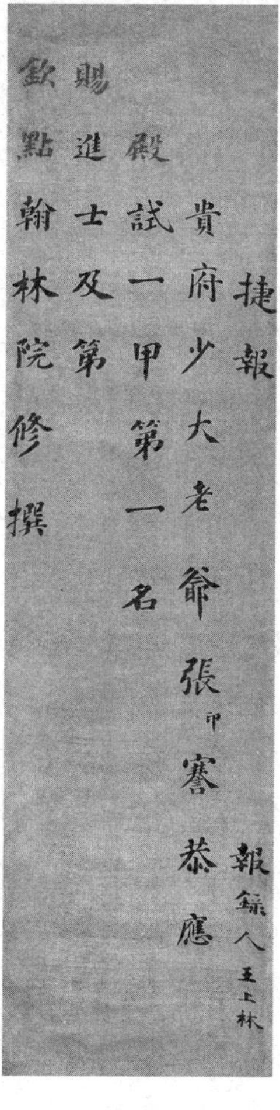
捷報
貴府少大老爺張印謇恭應
殿試一甲第一名
賜進士及第
欽點翰林院修撰
報錄人王上林

状元捷报。它是张謇历经种种曲折，终于攀登上科举之途最高峰的历史印证

后来，在孙云锦的引荐下，24岁的张謇成为吴长庆的幕僚，除了帮助吴长庆起草一些文件材料以外，张

謇的主要活动仍然是读书应考。吴长庆很是支持，不仅写信提醒张謇去参加顺天乡试，还派人送来了100两白银资助张謇应考。但是，张謇考运实在太差，从光绪二年（1876年）到光绪六年（1880年）的四年中，张謇在各次乡试中连连失利，连举人都没考上。以后由于频繁的军事调动，张謇连续五年没有再参加科举考试。

光绪十一年(1885年)，张謇考中举人。当他中举后，朝中大佬翁同龢亲自接见张謇，对他期许有加。光绪十二年(1886年)，张謇参加会试失败，此后又连续三次都未考中。光绪二十年（1894年），慈禧太后60大寿，举行“恩科会试”。那年张謇已经42岁，科举功名的念头已渐渐淡薄下来，但此时在江西做官的三兄张謇给家中来信，要张謇借此机会再次赴京一试，于是其父便要求张謇再去应试。到了北京以后，考试用的文具，还是向朋友借凑而来。发榜的时候，也没有去听录，可见张謇那时候的功名得失之心确是淡极了，但结果是张謇先中了60名贡士，复试中了第10名，殿试又因翁同龢慧眼识珠，从中推荐，终于高中一甲一名（状元）独占鳌头。从小考到大魁，经过县、州、院试，以及乡试六次，会试五次，殿试一次（各处考书院还不在其内），一共算起来在场屋里面有 160 天。大小考试考到第一名共有九次，考在前十名有七次。张謇在科举功名之路上，虽然吃了不少苦头，最后总算登峰造极，到达了读书人的最高境地，可是他自己竟然不觉得有什么稀罕。他对中国的科举制度此时已有了自己深刻的认识。于是，张謇在高中状元以后反科举之道而行之，弃官回乡，从事实业、教育、慈善，走上了另外一条拯救中华之路。

肖正德

张謇与大生

张之洞像

张謇高中状元之后没有去做官，而是去创办了大生纱厂，以后不断发展又形成了大生资本集团。

1894 年的甲午战败之辱，对张謇刺激非常大，使他忧国忧民的情感和救亡图存的信念更加强烈。张謇说道：“通州之设纱厂，为通州民生计，亦即为中国利源计。通产之棉，力韧丝长，冠绝亚洲，为日厂所必需。花往纱来，日盛一日，捐我之产以资人，人即用资于我之货售我，无异沥血肥虎，而袒肉以继之。利之不保，我民日贫，国于何赖？”甲午之后的张謇与两江总督张之洞在兴办实业等方面有着不少共同语言，交往频繁。张謇丁忧乡居，便是机缘巧合。1895 年张之洞正式札委张謇经理通海商务，要求他招集商股，于通州兴办纱厂。张謇的理念是，“中国须振兴实业，其责任须在士大夫。”于是慨然应允。张之洞不仅直接促使张謇投身实业，而且还为他提供了机器设备。张謇筹划在通扬运河和长江之间的通州城北唐家闸一带水陆近便之处兴建纱厂。因服膺儒家“天地之大德曰生”的名言，张謇便给纱厂取名“大生”，其寓意是：“通商惠工，江海之大；长财饬力，土地所生。”纱厂筹办之初，筹措资金遇到极大困难，张謇穿梭于南通上海之间，忍辱蒙讥，屡遭挫折，经费窘迫到连旅费都要靠他卖字换得。光绪二十五年（1899 年）三月二十九日，终于迎来纱厂试产。先行祭礼，然后试机，一切运转正常。各种心态的看客都有，先是有人说道：“厂囱虽高，何时出烟？”又有人说道：“引擎虽动，何时出纱？”四月十四日，一座拥有 20 400 纱锭的大生纱厂终于建成投产，正式出纱。其时，又遇机缘，纱价看涨，从开车初次出

历经种种波折，选址于唐闸的大生纱厂终于在 1899 年建成投产，并成为张謇经营南通的经济支柱

纱到次年二月的收支结算，已有 26 850 两的净利盈余。其后，张謇利用大生纱厂获得的利润，滚动发展。光绪三十年（1904 年），张謇在崇明外沙（今启东市）创建大生二厂。民国三年（1914 年）与民国十年（1921 年），海门的大生三厂和城南的大生八厂相继诞生。

早期的大生纱厂码头

大生纱厂公事厅

在大生纱厂所在地的唐家闸，张謇围绕大生纱厂先后创办了一系列配套企业：广生油厂、复新面粉厂、大隆皂厂、资生铁冶厂、阜生蚕桑染织公司、颐生罐诘公司、大昌纸厂、翰墨林机械印刷车间、泽生水利船闸公司、懋（mào）生房地产公司。为适应大生企业日益增加的货物运输需要，张謇筹建以唐家闸为水运枢纽的一系列交通运输企业，先后建立了大生轮船公司、通州大达内河轮船公司、天生港大达轮步公司、上海大达轮步公司、达通航业转运公司、大中通

大生纱厂远眺

运公行和泽生水利公司、港闸公路、城闸公路，从而构筑了江海平原上通江达海、纵横交错的交通运输网络。

这些企事业大多以大生纱厂为轴心，直接或者间接为大生纱厂服务，或者凭借大生纱厂以获取利润。通海垦牧公司是大生纱厂的原料基地；广生油厂利用大生纱厂轧花棉籽制油；大隆皂厂利用广生油厂“下脚”制造皂烛；复新面粉厂利用大生纱厂剩余动力磨粉，供纱厂工人食用和浆纱；资生冶厂和资生铁厂最初是专为大生纱厂修配和制造机件而设；天生港和上海大达轮步公司、达通航业转运公司、大中通运公行、泽生水利船闸公司等主要是为大生纱厂解决运输问题；懋生房地产公司则买地造屋，为大生及其他企业职工提供宿舍并获取房租。在大生纱厂建成开车后短短十年不到时间里，唐闸迅速形成以纱厂为核心的近代实业群体。

大生纱厂创建初见成效，张謇着手“兴垦植棉，以厚纱厂自助之力”，创建通海垦牧公司，光绪二十七年（1901 年）通海垦牧公司在启东海复镇正式成立。借助大生纱厂的资金投放和股份制集资模式，通过 10 年苦心励志奋斗，公司辟地 9 万余亩，济民数万人，岁增棉产四五十万石，成为大生重要的原料基地。通海垦牧公司的成功创设，标志着大生纱厂从一开始就谋求资本的跨行业拓展和集团化扩张。

光绪三十三年（1907 年）夏，大生纱厂召开第一届股东会，决定合并大生所属 19 家企业，组成通海实业总公司，张謇担任总公司的经理，由此形成了一个以纱厂为中心的具有相当规模的大生资本集团。在大生资本集团隆兴之地的唐闸工业区，张謇又陆续创建了通明电气公司、大生织物公司、大储堆栈打包公司、通燧火柴厂、大达公电机碾米公司等企事业群体，形成一个以大生纱厂为核心的庞大企业系统。1915 年张謇苦心经营 20 年的南通，被中央政府公布为全国模范县，“特令褒扬，风示全国。”

第一次世界大战结束后，日厂挟其雄厚的资本、精良的技术和在华种种特权，大肆掠夺中国廉价纺织原料、倾销纺织品，1922 年后大生企业经营持续恶化，1925 年由中国、交通、金城、上海四家银行和永丰、永聚钱庄债权人组成的银行团对大生各纱厂进行清算和接办。

严仲平在《中国棉纺织史稿》中说："张謇创办的大生纱厂是唯一成功的厂。"至今，张謇创立的大生纱厂已越 120 多个春秋，成为极其罕见的活态的近代工业遗存。

姜平

张謇与儆图

1899年5月23日，大生纱厂在唐家闸正式投产。历经44个月的艰辛筹备，纱厂终于建成，张謇备尝其中滋味。对此张謇感慨万千，他在当天的日记中写道："开车，召客观出纱，至此始可免于绝不出纱之口。敬夫始终忠勇可敬。"他既对一直支持自己的沈敬夫等人念念不忘，更对创建过程中所经受的来自各方的刁难与欺骗难以忘怀。张謇感怀和深念办厂的艰辛不易，邀请江宁画家单林画了四幅《厂儆图》，悬挂在厂里的公事厅内。

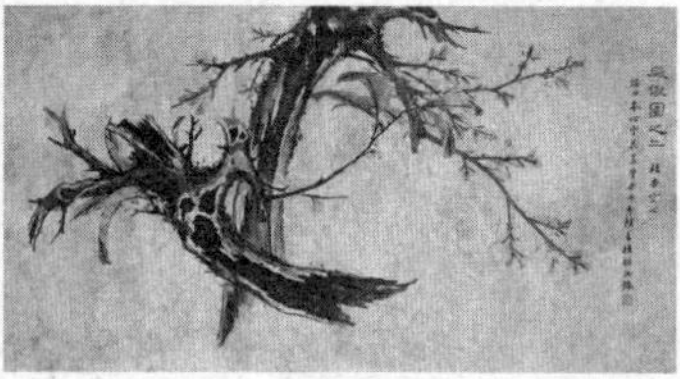

《厂儆图》之一《鹤芝变相》，讽刺集资过程中洋行买办潘鹤琴（华茂）、郭茂之（勋）的反复无常；《厂儆图》之二《桂杏空心》，讽刺江宁布政使桂嵩庆、太常寺卿盛杏荪（宣怀）的言而无信

《厂儆图》之《鹤芝变相》。张謇题："谣曰鹙（qīu）非鹤，菌非芝。以为鹤而鹙笑，以为芝而菌咄（duō）。汝则不智，奚鹙菌之怨为。"鹤指上海洋行买办潘华茂（字鹤琴），芝指郭茂之，他们是1896年筹办大生纱厂之初的沪董（即上海股东），负责在上海筹股，但因难度大而借口官股引入为由，多次请求退出筹股，后于1897年8月由两江总督刘坤一令人将潘鹤琴、郭茂之正式从沪董名单中撤换。《鹤芝变相》意在隐喻讽刺潘鹤琴和郭茂之的反复无常。

《厂儆图》之《桂杏空心》。张謇题："谣曰本心空，花棻（fēn）背。杏乎杏，桂乎桂，贻汝悔。"杏指当时担任全国铁路督办的盛宣怀（字杏荪），桂指江宁布政使兼商务局总办桂嵩庆。他们在张謇答应领用搁置于上海多年的进口纱机一半后，都开口许诺帮助张謇代筹经营资本，然而协议签订后，一再推脱，分文不出，致使大生纱厂所需资金落空，大生纱厂几乎流产。张謇终于明白，盛宣怀和桂嵩庆早先许诺代筹之说，完全是官场中虚与委蛇的空话而已，纯属欺骗。《桂杏空心》意在隐喻讽刺盛杏荪、桂嵩庆的言而无信。

《厂儆图》之《水草藏毒》。张謇原题跋已不全。

《厂儆图》之三《水草藏毒》，讽刺通州知府汪树堂及其幕僚黄介平的暗藏祸心，多方阻挠；《厂儆图》之四《幼小垂涎》，讽刺上海商界巨子朱幼鸿（畴）、严小舫（信厚）的贪得无厌

“水”指姓有三点水的通州知州汪树堂，“草”指有草字头的幕僚黄介平。两江总督刘坤一下令，将通州参加乡试、会试的秀才津贴公款，拨付其中一万两暂存大生纱厂，以供大生开工前资金周转之用。汪树堂、黄介平却背地里在秀才间放风，搬弄是非，说是供秀才应考的公款存入大生将无着落，煽动乡绅秀才、举人闹事发难，甚至要张謇去孔庙明伦堂“论理”，从而引起轩然大波。张謇一度一筹莫展，大生纱厂几乎难于开工。《水草藏毒》意在隐喻讽刺汪树堂、黄介平，暗藏祸心。

《厂儆图》之《幼小垂涎》。张謇题：“盘不倾，几不折，谁能涎汝盘之实，盘兮实兮，小儿兮□□□。”（此图局部损坏，□为缺字）“幼”指浙江试用道朱畴（字幼鸿），小指江苏盐务督销严信厚（字小舫）。张謇在大生纱厂刚开工，流动资金没有着落、借贷无门时，与他们洽谈将工厂出租三年，维持工厂运行，但是他们却乘机要挟、狮子大开口，企图乘人之危以低价盘下大生纱厂产权，使张謇进退不得、左右为难。《幼小垂涎》意在隐喻讽刺朱幼鸿、严小舫的贪得无厌。

《厂儆图》共四幅，单林作画，张謇题跋。单林，光绪至民初江宁著名画家，不仅擅长花鸟、山水、人物入画，而且还喜欢音乐、吹笛。张謇曾聘他到通师当国画老师。单林先后为张謇作《张季子荷锄图》《东海牧夫长五十小象》等。《厂儆图》其实就是张謇筹股办厂、遭遇艰难曲折的四个小故事。张謇请画家作画和自己题跋，并悬挂于纱厂公事厅内，一来告诫大生纱厂全体职工和后人谨记办厂过程中的曲折不易，让大家懂得我国脆弱的民族工业起步时的艰辛；二来也告诉人们，做人、做事应该忠实不欺、诚笃守信、厚道淳朴、勤苦自强。

张启祥

张謇与共和

张謇是我国共和体制的缔造者之一。

1911 年 10 月 10 日晚，张謇在参加完汉口商界为他举行的公宴后，乘坐“襄阳丸”轮启程回通时，正好碰到武昌起义的爆发，“舟行二十余里，犹见火光熊熊。”最初，为尽自己大清臣子的职责，他先是劝说江宁将军铁良与两江总督张人骏“援鄂”，后来又为江苏巡抚程德全起草《奏请改组内阁宣布立宪疏》，试图通过改良来平息民愤，消弭革命，但随着形势的迅猛发展，张謇看到革故鼎新已是大势所趋、人心所向，于是积极顺变、审慎应变和主动求变，毅然转向共和并积极推进，从而实现了他一生中最大的思想转变。

为了实现共和，张謇多方努力，居中调和。一方面，他致电袁世凯，劝他尊重国人“趋于共和”的选择，确立共和政体，以实现南北统一，防止国家分裂；另一方面他又与伍廷芳、唐文治等联名致电摄政王，提出：大势所在，只有走共和之路才能使百姓免遭涂炭，君主立宪体制今后在中国是不能立足的。张謇不仅口头促和，而且还以大生纱厂作担保的实际行动，帮助南京临时政府借款 30 万，解救燃眉之急。他还与上海革命党人联系，共同促成了南通的“和平光复”。

由于张謇在东南地区的巨大声望，他的转向影响非同一般，“函电一出，各省多闻风响应。”1911 年 12 月 14 日他毅然决然地剪掉了作为大清臣民标志的辫子，寄回老家，并在日记中写到，这是他一生中值得记住的大纪念日。为纪念民国的诞生，他还自拟嵌名春联，“民时夏正月，国运汉元年。”表达对新政权的期待。

张謇其实是共和体制的催产婆之一。这从旧营垒的昔日好友对张謇的指责中也可以看得十分清楚。许宝衡说到，清帝退位都是因为张謇等人的“妄说”造成的，并说“真可愤恨”！另一位是郑孝胥，他是张謇多年的好友，与张謇同为立宪运动的主要领袖之一。两人于 1880 年相识，对彼此的才华十分赞赏，但郑孝胥总是抱着君臣纲常不放，反对共和，对清帝退位，郑孝胥感到十分悲哀。辛亥年除夕之夜，他愤然写道：“北为乱臣，南为贼子，天下安得不亡。”在抄录了隆裕太后的退位懿旨后，大骂“干名犯义，丧心昧良”。民国元年新春，郑孝胥又表示“受吊不受贺”。郑孝胥把革命党人称为贼子，他对张謇转向共和十分不满，在日记中提出要治张謇等人乱国之罪。对此张謇不以为然。中华民国临时政府成立时，张謇出任实业总长，袁世凯担任总统后，张謇担任工商总长兼农林总长，加入熊希龄的内阁之中。

张謇一到任，即合并机构、裁减冗员，并发表施政宣言，主持制定一系列农林工商立法，试图大展他的实业发展、共和大兴宏图；然而袁世凯却醉心于复辟帝制，张謇在劝说无效的情况下，便坚辞农商总长职务而与袁世凯一刀两断，并严厉谴责袁世凯背弃共和的“叛迹”行为，捍卫共和的意志和决心坚定不移。

张謇从“立宪之父”成为共和卫士，实现了他政治上的又一次华丽转身。

蒋国宏

张謇与兴学

张謇经历了私塾读书、科场应试、书院讲学等多种读书学习的方式，既在科举应试中获得了出人头地的机会，又对科举制度心生不满，转而支持创办新式学堂，并对兴办学校产生了强烈愿望。

张謇认为，立国、富强、启智等在于人才、在于立学，他这样说道："人皆知外洋各国之强由于兵，而不知外洋之强由于学。夫立国由于人才，人才出于立学。"他敏锐地认识到教育的重要性，提出"实业教育，富强之大本也"，"教育所以开民智"，"故兴学为要中之尤要"，"苟欲兴工，必先兴学"等，力主发展新式教育。1898 年张謇为翁同龢拟京师大学堂办法，为了助推清朝政府的"新政"，在 1901 年撰写了《变法平议》，对废除科举、普兴学校、培养专门人才、构建层级不等的完整的教育体系等新学建设进行全面规划。1903 年张謇东游日本 70 多天，对日本的现代教育进行深入的考察，心中形成了创办新学的宏大计划和缜密思路。

甲午战争后，张謇退居家乡兴办实业，为的是以后能够有钱办学校，办学校要有师资，因而要先办师范，办实业要有技能应用型人才，所以要办实业学校，这些都构成了张謇的“实业教育链”、价值链。张謇于 1902 年筹办通州师范学校，迈开了兴学的笃实步伐，前后投入 400 多万两白银个人资产，创办了 30 多所学校，其中，职业学校和专门学校就达 10 余所。在他主持和影响下，南通地区次第兴学，创办学校多达 370 余所，构建了学前教育、基础教育、中等教育和职业教育、专门教育、高等教育、特殊教育、社会教育等不同类型与层次，工学、农学、商学、医学、

1908 年，张謇创办了通海五属公立中学校，次年学校开学。1913 年改为省辖，更名为江苏省立第七中学，后长期使用的校名为南通中学。图为南通中学外景

金融、水利和交通等不同学科与专业，构成有序而相互衔接的完整教育体系。他的办学热情之高、数量之多、种类之全、投入之大、影响之广、效果之好，以及体系之完备、发展之持续，在当时的中国是极为罕见的。

张謇亲自创办、倡议和资助创办的学校众多。民立通州师范学校，1903 年 4 月 1 日开学，为中国第一所私立师范学校，1912 年 11 月江苏省因“通海一带尚未有省立师范”，于是改称“江苏省立代用师范学校”。1912 年 3 月，张謇、张詧以私资创立“私立南通医学专门学校”，1913 年新建医院（后称“附属医院”）为学生实习之用，1927 年医学专门学校改名为“私立南通医科大学”。1912 年 4 月张謇兄弟在大生一厂创办了“南通纺织染传习所”，次年改名为“南通纺织专门学校”。1928 年纺科与医科、农科合并组成“私立南通大学”，1930 年改名为“私立南通学院”。张謇兄弟创办的其他学校还有：长乐镇国民初等小学（1904 年创办）、南通女子师范学校（1905 年创立）、通州公立第一高等小学校（1905 年招生）、唐闸实业公立艺徒预教学校（1905 年筹建）、通海五属公立中学（1908 年创办，1927 年改称江苏省立南通中学）、私立甲种商业学校（1914 年创办）、女工传习所(1914 年创办)、私立实业敬孺中学(1919 年开学)、伶工学社(1919 年兴建)等。

张謇办学的特征是，面向贫苦百姓子弟，而培养的学生也大都是一线技术及其管理人员，因为张謇意识里反对学生有谋官之思。张謇在办学过程中多次“鬻字助学”，因为常常遇到经费短缺问题，常以深厚的书法功底为育婴堂、盲哑学校等“鬻字”，通过书写售卖楹联等方式，筹款助学。张謇关心学校的日常事务，亲自与总务后勤人员一起检查教室的桌椅高低、灯光光线如何和教室标牌是否钉得牢固等，事无巨细，一一过问。他参加学校运动会开幕式、开学和毕业典礼，发表演讲，语重心长。他还为数十所学校拟定、题写校训，为多所学校撰写校歌。并且，张謇亲自担任学校校长。难能可贵的是，张謇还亲自写信为学生就业而推荐工作岗位。

王飞

张謇与交行

交通银行至今已有一百多年历史，最早的业务可以追溯到光绪三十四年（1908 年）二月初二正式开业的交行北京总行。在百年发展历程中，交通银行筚路蓝缕，有过进步和繁荣，也有过沉沦和危机。在交通银行经营最困难的 20 世纪 20 年代初，张謇不负众望，力挽狂澜，在交通银行发展史上写下浓墨重彩的一笔。

辛亥革命后，张謇对中国、交通等大银行进行过投资，在这些银行持有一定股份。20 年代，张謇个人在中国银行的股份达到 4 万多元，而在交通银行的股份至少应为 4 万两库平足银。根据 1914 年《交通银行则例》的规定，交通银行的股份每股库平足银一百两，总理必须从 400 股以上的交行股东中选举产生。张謇能在 1922 年被选为交行总理，如果按照法定程序，他应当具备出任总理的股份资格。

1922年初的交通银行，面临着群龙无首、无人问责的局面，经济上遭遇到前所未有的窘境，还面临着被中国银行合并的危险。交通银行经营处在崩溃边缘，该行股东首先出来自救。上海股东方面由金融家徐静仁、钱永铭等组织江浙方面股东成立“股东联合会”，并决定推选南通的张謇为会长。后来，徐静仁、刘厚生、李耆卿（南京分行经理）同去南通请张謇出任总理，当面呈请并说明：“借您的大名来应对政治环境，张作霖虽然出京，东北方面还是他的势力，请您来维持交通大局，各方面都无问题，行事业务方面您可不管，亦不必到北京总处办事，所送公费，以用办南通教育慈善事业，这些办法已得到交通部同意支持。”张謇在一份致交通银行总行的信函中表示同意，“敬知诸公盛意，謇年衰事冗，实不敢承，惟交通关系全国金融至鉅，重以诸公肫肫之属，謇当暂为担承，稍尽始终，共效维持之义也。”

1922年6月18日，交通银行第十一届股东总会在北京召开，按照已经达成的默契，股东一致改选张謇为总理，钱永铭为协理。不久钱永铭就北上赴任，而张謇仍常住南通，开始了一段特殊的银行总理生涯。张謇上任伊始，社会上对交通银行的前途并不乐观。面对公众的质疑，张謇等人承认“虽为局外之观察，深中本行之病源”，同时面对这些弱点与不足，对症下药，提出有针对性的解决办法。在张謇任职内，交通银行进行了机构和费用上的精简，张謇自己一直也厉行勤俭。1919 年，张謇在淮海实业银行开幕演说中就提到：“余办大生纱厂时，不自取薪俸，事事均从节俭……诸君若知本意，本余创办大生纱厂之精神，以从事银行业，将来自能发达。言勤则办事必依定时，言俭则一切开支，务从节省。”

1925 年初，北京政府临时执政段祺瑞把尚在通缉中的梁士诒推出来，5 月交通银行召开股东总会，梁士诒再次当选为总理，而任期未满的张謇和钱新之被迫辞职。张謇在辞职书中认为自己与钱新之共事以来，取得了一定成就，但对梁士诒发出了“不愿再供诸君牛马”的愤慨之语。

在 1922 年至 1925 年不到三年的时间里，张謇取得的成绩有目共睹。交通银行成功避免了被兼并的危险。同时，在张謇离任时，交通银行的窘迫处境已经有了很大缓解，并呈现出复苏迹象，“所有前任亏耗，以盈剂虚，亦以过半。”张謇在交行任职时施行的改革措施，符合时代潮流，因此即使在他离职之后，梁士诒等人还是继承和效仿了张謇的许多做法。

张启祥

1902 年，张謇在通州城东南，利用千佛寺庙宇，筹建通州师范学校。这是我国最早的设置完备的民立师范学校。图为通州师范学校校门

张謇与通师

1901 年 1 月，清政府宣布“新政”。张謇应两江总督刘坤一、湖广总督张之洞邀请，参与了清末改革的纲领性文件《江楚会奏变法三折》的拟稿讨论，并撰写出《变法平议》，提出了包括普兴学校、酌变科举等改革建议。9 月，清政府颁布“兴学诏”，在全国范围内掀起了兴办新式学校的浪潮。张謇等士绅与学务官员之间在确定办学宗旨、编制中小学课程、编译各科教材等方面达成了共识，尤其是 1901 年 12

月至1902年2月间，受张之洞、刘坤一委派，罗振玉率团赴日本调查教科书的编写，考察教育教学方法和学校管理，这是近代第一次由官方组织的教育专题考察活动。然而，官绅之间也产生了一些意见分歧，主要集中在两个方面：

第一是要不要学习国外先进的办学经验。张謇、罗振玉等认为应当全方位学习、借鉴日本明治维新后的兴学经验，学务官员们则嗤之以鼻。第二是先办什么学校，后办什么学校的问题。学务官员们主张参照袁世凯在山东首先创办“山东大学堂”的做法，在省城先办江南高等学堂。而张謇等士绅则认为，没有中学毕业生怎么能办大学，没有小学毕业生也没法办中学，因而建议遵循教育基本规律，先办小学再办中学、大学。同时，因为国内缺乏教授数学、理化、博物等课程的师资，那么要普及教育，就必须首先创办培养师资的师范学校。

赴日教育考察团归国后，1902年的3月到4月之间，官绅再次齐集江宁展开兴学讨论，这时矛盾进一步激化。其间，张謇、罗振玉参照日本学制，代刘坤一草拟了《学制奏略》，并建议在江宁先办师范和中小学，得到刘坤一的认可。官员们则借到总督府参见、汇报公事的机会，针对张謇、罗振玉的建议，发表不同意见说：“中国他事不如人，何至读书亦向人求法？这是张謇过于相信罗振玉，罗振玉过于相信日本人了吧。”事后，刘坤一告知张謇说：“你们有关兴学建议，我手下的官员一致反对，这样我也没办法照你们的建议去实施。”于是一方面为调和意见分歧，张謇、罗振玉提出可首先在江宁创办高等师范学堂，这样既能解决兴学师资缺乏的问题，又能兼顾到兴学官员们先办大学的想法。另一方面张謇决定回到南通，依托大生纱厂等实业和其他社会力量，从自办师范学校开始，在南通建设一个示范区，立志“以南通教育，树全国之模范”。

通州师范学校学生在实习、通州师范学校运动会、通州师范学校学生在五山野游

张謇回到南通后，召集地方士绅商量创办师范学校事情。他拿出自己担任大生纱厂总理六年未支取的薪酬两万多两银子作为学校开办经费，利用南通城

南千佛寺废址建筑校舍；他说服大生纱厂股东，分出纱厂红利的十四分之一，作为学校的日常办学经费；他又积极发动亲朋好友和热心公益的地方士绅捐款助学。1902 年 6 月，两江总督刘坤一批准设立“通州民立师范学校”，这是我国第一所独立设置的师范学校，与南洋公学附设师范院、京师大学堂附设师范馆一起成为中国师范教育的三大源头。1903 年 5 月，学校正式开学，张謇自任总理（校长）。此后直至 1926 年去世，师范学校成了张謇心目之中最重要的一份事业，他为之尽心竭力，更留下了“家可毁，师范不可败”的铮铮誓言。

在学校开建过程中，张謇从校舍的规划设计到建筑中的门窗、讲台、桌椅、光线以及厕所等都亲自察看，开设课程、聘任教习和章程制定等也一一过问。特别是聘任国学大师王国维来校任教，王国维讲授的“伦理”和“国文典”，成为近代以来中国人第一次在师范学校中教授的两门课程，教育学、心理学、语言学和艺术学学科成为清末民国时期江苏重要的学科基地。

通州师范学校也是清末第一个制定校训、校歌的学校。张謇在《总理开校演说词》中以“坚苦自立，忠实不欺”为校训。

都樾

张謇与职校

张謇为纺校题写的校训“忠实不欺，力求精进”

张謇是中国近代职业教育的开拓者和奠基人之一，为了培养工业化发展所需要的大量新型人力资源，为广大民众谋得生计，张謇因时识变，顺势而为，大力倡导职业教育，兴办职业学校。

职业教育率先在欧洲兴盛，随后渐进于美国，传播于东方。中国近代职业教育肇始于洋务运动。洋务运动兴起了创办枪械船炮制作企业和工矿交通企业的热潮，为了便于引进西方技术，一批有识之士在工厂中设立学堂，培养技术人员、技术工人，兴办培养专门人才的各级教育学堂和综合性的实学馆，培养翻译人才和各科专门人才，以张之洞为代表的洋务派所创办的实业学堂，开启了中国实业教育的先河。

在维新变法推动下，处于风雨飘摇境地的清朝政府被迫推行“新政”，1904 年清政府制定实施的《奏定学堂章程》（癸卯学制），第一次将实业教育纳入学制，清末的实业教育得到规范发展。民国初年实行壬子癸丑学制改革。随着对国内实业教育实践中所遇问题的认识的加深和对国外尤其是美国职业教育的了解，赞成职业教育的人越来越多，职业教育很快成为潮流。

以黄炎培为代表的职业教育先驱于 1917 年成立了中华职业教育社，团结了一大批职业教育改革家，凝聚了推动中国近代职业教育改革发展的重要力量。1922 年，中国教育界进行了一次学制改革，由政府颁布《学校系统改革案》，史称壬戌学制，又称为新学制，这个学制标志着中国近代职业教育体系正式确定。

张謇之所以创办职业教育，主要目的首先是为了解决百姓的民生问题。他说道："各种实业学堂得以次第设立，实于国民生计大有关系。"其次，为了解

张謇强调"学必期于用，用必适于地"，注重学生的实习实训。图为纺校学生在实习

南通纺织专门学校足球队

决实业发展中技术人才紧缺的问题，他认为“实业、教育二事，有至亲至密关系”，后来又提出“父教育而母实业”的主张，张謇意识到，必须通过创办职业学校或学科，培养社会需要的实用性技能人才。早在1906年，张謇就创办了私立农业学校、法政讲习所、吴县铁路学堂，随后又不断兴办国文专修科、监狱学传习所和巡警教练所、中国陶业学堂、吴淞商船学校、南通纺织染传习所（后改为南通纺织专门学校）、吴淞水产学校、乙种商业学校、保姆传习所、镀镍传习所、甲种商业学校、女工传习所、伶工学社、女子蚕桑讲习所和发网传习班等职业学校，还在1917年与黄炎培一同创建中华职业教育社、筹办中华职业学校。

张謇以“学必期于用，用必适于地”的主张兴办职校，以南通需要什么就办什么学校为理念。他说道：“在南通讲教育，先要想什么是南通需要的，什么是适合南通的。”张謇通过“厂中校、校中厂”等多种办学形式创办各种类型的职业学校。他特别注重学生的实习实训，大多数学校都有实习基地，如南通农校专门建设实验室和校办农场，注重植棉试种，向社会推广优质棉种。张謇还把德行养成放在技能训练之前，提出，“首重道德，次则学术…… 学术不可不精，而道德尤不可不讲…… 综之如自度道德学术，俱属优美，又何患其学之无所用哉？”

张謇在职业学校的建设中注重学习国外先进经验和理念，如南通纺织专门学校聘请留学美国归国的学子为教员，参照美国费城纺织染专门学校的课程，购买英国的纺织设备，建设校办实习工厂，高起点地发展纺织教育，声誉鹊起。黄炎培称赞道：“我国之有纺织专门学校，首推南通。”

王飞

张謇与校训

张謇在兴办实业的同时，大力发展教育，一生创办各级各类学校 370 多所，这些学校既涉及从小学到大学不同层级的教育，也涵盖从基础教育到高等教育、职业教育和特殊教育的不同教育门类。张謇为自己创办的许多学校亲自拟立或题写校训，这些校训悬挂于校内学生易观察到的地方，既明确办学理念，又涵养教育对象。可以说，校训体现了一所学校的办学传统，代表着学校的教育宗旨，并伴随着学校的发展、学校

通州师范学校校训

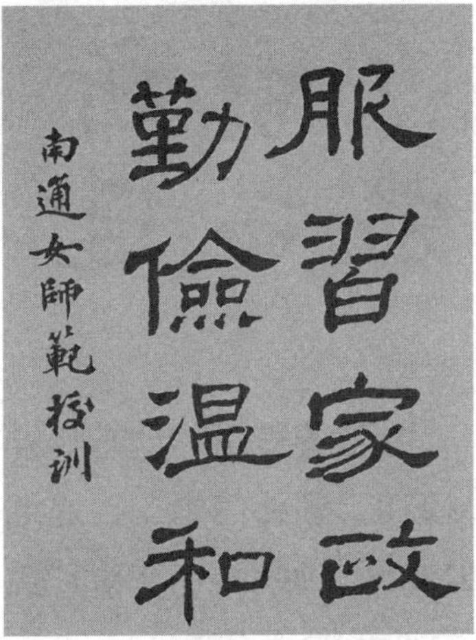

张謇题女子师范学校校训

文化的积淀而内化为师生员工的精神特质。

张謇题拟的校训大致可分为三类：

第一类是张謇亲自书写的。从 1904 年到 1919 年的 15 年间，张謇为亲自创建的 12 所大中学校题写过校训。1904 年他为通州师范学校亲自拟定并为之书写的校训是“坚苦自立，忠实不欺”；1914 年他为中国第一所垦牧学校“垦牧乡高等小学”亲自拟定书写的校训是“合群自治，体农用学”；1916 年他为中国第一所特殊教育学校“南通盲哑学校”亲自拟定书写的校训为“勤俭”。

第二类是张謇拟训、时任校长书写的。南通城北高等小学校训“勤敬”，是城北高小首任校长孙宝书先生的手书；如东县栟茶小学校训“知耻”，是校长缪文功的手书；南通私立崇敬中学校训“诚恒、惟真”，为校长顾黴基手书。

第三类是张謇拟训、地方名流书写的。南通唐闸

医校校训

敬孺中学校训“笃实耐劳”，由张謇三哥、地方名绅张詧手书；海安县凤山高小校训“勤朴信勇”，是地方名流张同恩手书；如皋县公立简易师范学校校训“真实、贵全”是地方著名教育家沙元炳手书。

张謇国学基础深厚，所拟校训因而也有着深厚的中国传统文化底蕴，既言简意赅，又内涵丰富，寄予了张謇对不同类型学校学生的不同期望。从内容上看，张謇题拟的校训中，出现频率较高的有“诚、勤、善、实”四字。张謇通过一个“诚”字，阐述为人之道，校训中相关表述有“诚恒、诚实、诚致、诚朴、诚劳、真诚”等。张謇以“勤”作为生活准绳，认为勤是一种美德。“勤”字在张謇校训中是出现频率最高的一个字，共出现 12 次，如“勤俭、勤朴、勤苦、勤敬、勤慎、勤奋、勤谨”等。张謇还倡导以“善”淳化人际交往，在不同校训中提及“善德、慈善、温和、爱群、爱亲、合群、体农”等。张謇还主张以“实”治学创业，“崇实、求实、踏实、实干”也是张謇题拟校训的重要内容。

张謇题拟的校训，对该校精神的孕育和校园文化的形成具有引领价值，塑造了学校独一无二的文化底蕴及其特质，成为广大师生学习工作的基本遵循。泽被后人，对教育界尤其是南通教育产生的影响是巨大而深远的。在校训的指引下，这些学校培养了众多建设者、劳动者和杰出的人才。经过张謇校训熏陶出来的学生，许多人成为中华人民共和国第一批社会主义建设者，为江苏乃至全国的经济社会发展做出了贡献。

张謇题拟的校训是他看重的品质和德行的总结，也是他价值观的体现，更是他本着“幼吾幼以及人之幼”的精神，将对亲子的期许和训诫结合办校初衷，进一步拓展深化的成果，凝结着他对青年学子的厚望和深爱。这些有着统一内核又各有侧重的校训，构成了自成一体的张謇校训文化，是张謇文化和张謇精神的重要组成部分。

胡梅

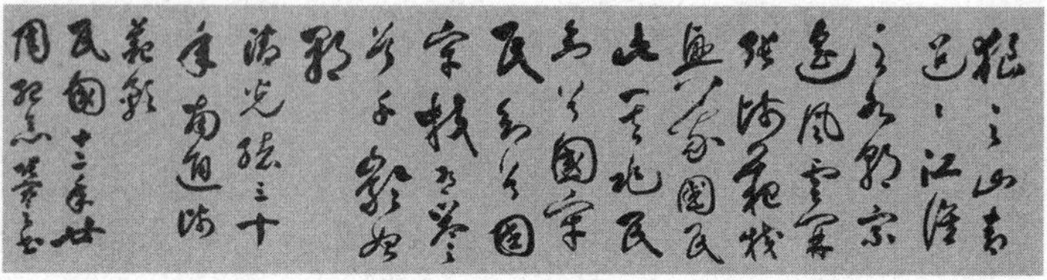

通州师范学校校歌

张謇与校歌

“狼之山青迢迢，江淮之水朝宗遥。风云开张师范校，兴我国民此其兆。民智兮国牢，民智兮国牢，民智兮国牢，校有誉兮千龄始朝。”

这是由张謇作词，传唱了近 120 年的《南通师范歌》。这首校歌承古开新，气势恢宏，既是我国近代学堂乐歌兴起阶段的代表作品之一，更是一代代师范学子不辱“教育救国”使命，塑造经师、人师，养成精神人格的生动写照。

1902 年 6 月，张謇创办民立通州师范学校，1903 年农历四月初一正式开校。在当天的开校演说词中，张謇要求师生们自觉担负起智民兴国的责任，“忠实不欺，坚苦自立，成我通州之学风。”25 天之后，张謇应邀东渡日本，观摩大阪第五次国内劝业会。其间，他重点考察了日本的实业、教育状况，做了详细记录。东游之行，张謇看到日本“致力实业教育三十年而兴”，进一步坚定了他“图存救亡，舍教育无由”的信念，也认识到日本学校教育中有许多值得学习、借鉴的地方，尤其是对日本学校通过体育、游戏、音乐课程和校训、校歌彰显教育宗旨，养成进取意识，打造民族精神的做法，留下了深刻的印象。为此，他在《东游纪行诗》中，曾不无感触地吟诵道：“爱国先教稚子歌，画沙亦解认山河。”回到南通后不久，1904年1月张謇撰写了师范校歌的歌词，新春过后，他请到精通传统音律的江宁画家单林作曲。单林借用昆曲乐律打谱，以笙箫管笛配器，完成了校歌的初创过程。这一年秋，张謇把单林聘到学校担任国画与乐歌教习，教学生习唱校歌。同时，又将《总理开校演说词》中对师范生提出的“坚苦自立、忠实不欺”八个字定为校训。

张謇撰写师范校歌，除受日本教育文化的影响之外，也与他的生平经历有关。他出生于江海乡里之地，成长于庆军营帐之下，交往于风雅名士之中，对于乡曲山歌、湘淮军谣、京腔南曲均耳熟能详，对于歌谣、曲艺培植信仰、传播文化、鼓舞士气、改良社会的重要作用则深有体会。为此，他在 1895 年奉命组织通海团练之时专门编写了《通海劝防歌》，民国后又创办伶工学社，致力于改良戏曲。对于通过日本传播而来的西洋乐歌，张謇则认为最能发挥“示荡平正直之途，兴普通崇拜之意”的作用。

1905 年 1 月，因为师范校歌原先戏曲化的配曲不易集体学习传唱，张謇又通过上海商部高等实业学堂总理张美栩，聘请当时在该学堂附属小学任教的沈心工为校歌重编风琴谱，同时托请编谱的还有《祝先师歌》《拟国歌》《常乐镇初等小学校歌》等。沈心工在我国近代音乐史上是近代学堂乐歌创作的“三驾马车”之一，被誉为“中国近代乐歌之父”，他以西洋音乐旋律为师范校歌词谱写了风琴曲。校歌原词“民智兮国牢”最初重复两次，此时张謇认为，“更益一句则其气弥厚”，因而改为三句。谱成之后，同年 5 月至 8 月，沈心工又推荐其所设“速成乐歌讲习会”成员、上海开明书店的创始人夏清贻专程赴通，在师范学校担任乐歌教员，教授唱法，教弹风琴。而此后直至张謇去世，他又创作了 20 多首校歌和学堂乐歌的歌词。

《南通师范歌》诞生后，每逢星期一和重大节庆，师生都齐集礼堂，面对校训匾额，同唱“民智兮国牢”

的校歌。至1923年5月南通师范开校20周年时，应留校任教的书法家黄祖谦邀请，张謇挥毫草书校歌长卷，并命名为《南通师范歌》，刻石置于学校礼堂。而校歌书卷则几经沧桑不慎遗失，现仅存20世纪30年代所摄照片。如今，《南通师范歌》已传唱近120年，在校训校歌熏陶之下，南通师范走出了近十万名莘莘学子，他们遍布大江南北，英才辈出。在诸多校友的心目中，如同数学家朱德祥、翻译家秦得儒、教育家朱汇森在他们各自的回忆录中所说："南通师范的校训校歌铭刻于心，陪我们一生，时时刻刻指引着我们行事做人。"

都樾

张謇与科学

张謇早就认识到西方先进科学技术对富民强国的重要意义。1895 年，他在给张之洞起草的《条陈立国自强疏》中，就强调了引进西方现代科学技术的重要性，他说：外洋富民强国的根本，在于发展现代工业，现代工业中运用的科学技术有着“化粗为精，化贱为贵”的功用，商业贸易的利益才能由此产生。因此实现实业救国的理想，首先要大力引进西方现代科学技术。张謇创办的大生纱厂，引进了英国曼彻斯特生产的纺纱机，他兴办的各项事业都是大量购买西方技术装备，同时也聘用了许多外籍专家来南通工作。

张謇的教育救国实践也是以普及西方科学文化知识为主要内容的。南通的一些学校均开设了数学、物理、化学、博物、地理等基础科学课程，参照国外相关专业课程设置，运用先进的教学方法。同时张謇非常重视职业教育。1902 年他曾议设农学堂传授植棉技术，1906 年后在通州师范学校先后附设测绘科、农科、土木工科、蚕科，培养专门技术人才。1911 年通州师范农科发展为中等农业学校，后来发展为高等专科学校，即南通农科大学。

张謇是中国近代棉作改良科学研究的领导人和推进者，南通农校是国内最早开展驯化推广美洲棉以及对中棉品种改良科学试验的机构。此外，张謇通过华商纱厂联合会委托金陵大学进行棉种试验。1921 年，张謇筹借巨资在垦区建农事试验场，邀请农学家过探先、吴伟士等来通指导。在南通、南京科研人员的共同努力下，驯化美棉、培育中国棉种取得了成果。南通农校先后培育出改良鸡脚棉、改良青茎鸡脚棉等新品种，它们无论在纤维长度、强度、纤维量、色泽度及产量各方面均有大幅提高，成为南通、海门一带普遍种植的品种。此外爱字棉、金字棉、脱字棉等美棉品种也在农垦公司得到种植和推广，使这里逐步发展为我国推广美棉时间最早、成效显著的专业棉区。

为满足棉纺织工业对专业技术人才的需求，张謇于 1912 年创办了南通纺织染传习所。1918 年，毕业生协助上海厚生纱厂安装新机成功。1921 年，毕业生主持完成了大生三厂全部纺织新机的排车设计与安装工程，从此打破了“洋人”对纺织技术的垄断。张謇在上海创办了吴淞商船学校，在南京创办了河海工程专门学校，并曾支持中国女学堂、震旦学院、复旦公学、中国公学、江苏省立水产学校、中华职业教育社的创办。这些教育机构为中国培养了大批科技专门人才。

1920年，张謇与黄炎培发起成立江苏自治组织“苏社”，成立大会在南通召开。张謇被选为社长。图为1922年年会张謇与科学社成员合影

张謇在大力引进西方科学技术、普及现代科学教育的同时，还十分关心国内科学团体的建设发展。早在1897年，张謇就有《请兴农会奏》，建议仿效西方国家，成立农会或农学会。1917年1月，中华农学会成立，公推张謇为名誉会长。1923年中华农学会在苏州召开第六届年会，张謇以七旬高龄莅会致辞。

张謇对中国近代最大的综合性科学社团——中国科学社曾给予很大的支持。1916年12月南通支社成立，1917年9月，张謇被中国科学社选为名誉社员。1918年，中国科学社迁到国内，张謇捐款3000元经费，并上书北洋政府，为中国科学社争取到南京成贤街文德里的活动场所。后来还为科学社建生物研究

所捐助了1万元。数年后该研究所建成，中国科学社决定将该所献给张謇以作答谢。

1922年，中国科学社原定于广州举行的第7次年会，因政局动荡未能如期，张謇即邀请他们来南通召开。8月20日，中国科学社年会在南通总商会大厦隆重召开，梁启超、马相伯、陶行知、杨杏佛以及乔治·兰森·推士、丁文江、胡敦复、胡明复、谭熙鸿、竺可桢、邹秉文、过探先、周子竞、熊庆来等共计38位科学家和著名学者齐聚南通。张謇到会致辞，张謇说道："盖今日为科学发达时代，科学越进步，则事业越发达。"张謇还专门为年会作颂辞，用古奥雄浑的辞藻歌颂科学"縏维坤轴，斡运大光，声传电吸，汽震机翔"的神奇力量和"以促实业，藤茂蜚英，遂开纪元，诞孕文明"的巨大作用，勉励科学家"知耻则奋，殚精科学。格物致知，相励以智……假之时日，必集大成"。会议期间，大家还参观了南通各项事业，对张謇所办各种事业"皆能利用科学办法及手续以处理之"而深感敬意。在8月22日的送别晚宴上，张謇以其数十年的经验阐述了他对于科学研究要立足社会现实、科学家要注重应用研究的希望，"吾人提倡科学，当注重实效，以科学方法应用实业经济之研究，与社会心理之分析……执此道以提倡科学，未有不发达者。”在座科学家深为感动。

张謇在中国早期现代化实践中，对现代科学技术的发展是十分重视的，正如他所说：“科学为一切事业之母。”

赵明远

张謇与交通

张謇于1901年在南通天生港建造码头，于1904年成立天生港大达轮步公司，天生港成为南通和苏北的重要港口。图为大达轮步公司天生码头和栈桥

20世纪初期，随着南通近代工业的建立，原有的交通工具及交通线不能适应经济社会发展的需要，因此以张謇为首的大生资本集团（以下简称大生）便有了推进南通交通建设的担当，可以概括为：水陆两路、三步完成。

第一步，城区和各重要经济区的连接。唐闸、天生港与垦牧乡分别成为南通的工业基地、港口和农业生产基地后，改善这三个乡镇和城区的交通联系势在必行。1902 年大生开设大中通运公行，在四扬坝经营仓储、船只过坝及货运业务，1903 年创办了通州大达小轮公司，租用小轮一艘，运送唐家闸到吕四的货物，通海垦牧公司的棉花则源源不断地运向大生纱厂。1905 年泽生水利公司疏浚天生港与唐闸间的港闸河，大生纱厂的产品便由港闸河运到天生港等港口，向外江运送。泽生水利公司利用疏浚港闸河的泥土修筑了南通境内的第一条公路，工业区与港口之间水陆两条便捷的通道就此形成，不久又将南通城到唐闸的驿道改建为公路。为改善南通城郊的交通，1913 年张謇等人集资，发起建造干线新路，率先建造 2.5 千米长、10 米宽三座桥连接的南吊桥路，与唐闸路相接，

“大和”号轮船

把城区和唐闸工业区连接起来。再建3.4 千米、10 米宽的望江楼路，这是一条城区与长江港口区相连的陆上通道，实现了南通与长江流域各大中城市的连通。两大公路的建造及吕四航道的开通，作为县政治中心的南通城区与唐闸工业区、工业区与农业基地、工业区与港口之间的水陆交通网络便由此建成。

宽阔畅直的南通县道

第二步，与长江流域各经济区的连接。为加强与长江流域各经济区的联系，大生开始了长江航运的建设。1904—1906 年大达轮步公司、通达航业转运公司先后成立。同时，天生港建成可停靠 1000 吨级船只的通源、通靖码头，承担起与长江流域各港口客货物资转运的重要任务。

第三步，开辟区域外新航线。1903 年大达内河轮船公司开通通扬运河航线，开展苏中内河航运业务，后又开通长江以北航线，东至吕四、东北到掘港，北达阜宁，西抵益林，经过东台、盐城、泰州、邵伯等中小城市，覆盖苏中，延伸到苏北。

20 世纪 20 年代的南通境内，形成由 3 条公路

通海汽车公司、南通公共汽车公司狼山车站

干线、5 条公路支线组成的长达 288.4 公里的公路交通网，占江苏省公路总里程的 66.55%。与省道连接成为七省市公路网中的重要组成部分。在不断完善区域内外交通运输线的同时，大生等公司也在不断增添先进交通工具，1902 年大中通运公行置驳船 16 条经营货物驳运业务；1911 年通达航业转运公司已拥有 70 条驳船、30 条江船。民国初大达内河轮船公司已发展成拥有 20 条各式轮船、195 个船员的江苏最大的航运公司，20 世纪前 20 年，南通拥有通海汽车公司等 3 家汽车公司。1919 年开办的南通公共汽车公司有 10 辆汽车，在西公园设立总站、城西孩儿巷及狼山设有分站，到 20 世纪 30 年代中期，南通的汽车公司多达 89 家拥有 465 辆汽车。这样，由内河与公路、客运与货运构成的较为便捷的水陆交通网便在苏北地区最终形成。

陈炅

张謇与治淮

出任农商总长兼水利局总裁时期的张謇

淮河是我国的第三大水系，在古代与长江、黄河、济水并称为“四渎”。千百年来，淮河为生于这里、长于这里的人民提供了灌溉、航运等便利。然而自 1194 年黄河决口，洪水携带大量泥沙淤积堵塞了淮河的入海通道后，这里每到雨季，便“漫溢四出”，到了近代，更是“大雨大灾，小雨小灾，无雨旱灾”。原本比较富裕、安逸的淮河两岸从此洪涝旱、风暴潮灾害频发，人民生活贫困，流离失所。

1887 年 8 月，黄河再次决口，洪水“由贾鲁河入淮，直注洪泽湖”，所到之处，淹没村庄和农田，“溺死之人，蔽空四下，若凫鸥之出没。”路过这里的张謇看在眼里，急在心里，深感淮河治理势在必行。为了根治淮河水患，自 1903 年起，张謇多次上书建言，先后向清政府提出《淮水疏通入海议》《请速治淮疏》《复淮浚河标本兼治议》《复淮浚河标本兼治议后》

等，大声疾呼要治理淮河水患，造福当地百姓。他剖析了淮河致灾的原因，提出了“复淮浚河，标本兼治”的主张，还初步提出治理淮河所需的费用以及筹措所需巨额费用的办法。他坚信如能成功治理淮河，则数年之后，“淮有畅流入海之路，湖有淤出可治之田。”不仅可以去除洪水大患，而且还能“国有增赋，民有增产”。

对于如何治理淮河水患，中外有识之士都有各自主张。美国技师詹美生方案、美国工程师费礼门计划、安徽都督柏文蔚计划、安徽水利局计划、孙中山方案等都提出治淮计划和方案。在认真比较并进行实地考察的基础上，张謇发表了《导淮计划宣告书》《治淮规划之概要》《江淮水利计划第三次宣言书》和《江淮水利施工计划书》等方案，认为“全淮入江”和“全部入海”都不可行，最佳方案应该是江海分疏，也就是“三分入海，七分入江”。同时，他主张淮河必须与沂河、泗河、沭河、运河等水系同时进行综合治理，才会有效。

清末民初，导淮、治淮的声浪很大，但由于种种原因，真正投身淮河治理的人与物并不多。晚清的时候，张謇利用担任江苏咨议局议长之机，首先在清江浦成立江淮水利测量局，招募技术人才，对淮河沿线各地进行实地测量。民国后张謇出任全国导淮水利督办，推动北洋政府将原先的导淮总局扩展为全国水利局，并亲任总裁。他带领技术人员在淮河中、下游各地设立水文观测站，最早采用西方现代气象水文和测量技术对我国水利整治进行调查观测，为淮河整治积累了宝贵的资料。

张謇在治理淮河过程中，非常重视技术人才的培养和积累。一方面不惜花费重金从美国、英国、荷兰、瑞典、比利时等国聘请专家来华指导治淮和水利建设，另一方面特别重视培养本国的水利人才，壮大水利治理队伍。1906 年 10 月，他在通州师范学校里专门设立测绘专业。1915 年，张謇成立了我国历史上第一所专门培养水利技术人才的高校，也就是南京河海工程专门学校（今河海大学前身），为我国的水利建设事业培养和储备了一大批专业人才，其中郑肇经就是该校为我国水利建设事业做出了巨大贡献的优秀毕业生。

蒋国宏

张謇与治坍

提到张謇，一般总说他是清末状元、教育家、实业家等，实际上他还是个水利专家。在他没有高中状元之前，1888 年张謇作为开封知府孙云锦的幕僚，受河南巡抚黎文卫委托，主持黄河防灾抗洪计划草拟治黄大纲。1913 年张謇就任民国工商（农林）总长兼水利局总裁。在南通聘请荷兰籍水利工程师特来克，用“丁字坝”治住了千余年来困扰南通人的“塌江”。塌江曾使得整个原海门县城以及狼山边上的三个乡的

特来克像

大半陷入长江之中。

在崇川区档案馆馆藏档案中，收藏着 86 件民国档案。其中，特来克南通治水档案为镇馆之宝，是张謇治水实践的典型实例。水利事业是当年南通自治的重要内容，对人民生产生活关系十分重大。档案资料记载：清末民初南通江岸坍塌，沿岸农田受灾严重，农户倾家荡产，流离失所。面对严重灾情，张謇拿出私人积蓄 3000 元，聘请上海浚浦局委派的人来南通勘察水情，并联合士绅向政府呈文，请求协调两岸地方政府加强治理。1911 年他与三哥张詧发动南通地方集资成立“南通保坍会”，并邀请荷兰、美国、比利时等国的水利专家为保坍工程查勘和商讨治水策略。荷兰水利专家约翰斯 · 特来克（时称奈格）等主张的筑楗治理方案较为切合实际，于是，1916 年 4 月张

特来克出殡仪式

特来克墓位于南通五山之剑山东南麓，墓碑由张謇亲笔题写

謇聘请奈格之子亨利克·特来克（称作特来克）来通担任驻会工程师主持筑楗工程，南通保坍会会长张詧与特来克签订了中英文聘约。特来克时年 26 岁，出身水利世家，其父奈格“以治水闻荷兰”，驰誉世界。1908 年，特来克曾作为助手随父亲受邀来通查勘长江水势，协助完成了《荷兰工程师奈格通州建筑沿江水楗保护坍田说明书》。1916 年特来克来通后，就把江岸当成了自己的家，进行了近三个月的实地观测，并把所有以前各国专家们的计划和报告全部看了一遍，随即向保坍会提交了《南通保坍计划报告书》。6 月开工，特来克亲自督导施工，以塘柴、芦苇为排，沉石筑楗，在迎流顶冲处，再增建护岸护坡。短短 3 年，完成天生港至任港口 10 座水楗，建成后起到了“分杀水势”的作用，稳定了南通江岸。今天，从天生港至狼山段，当年的数条水楗仍屹立在江边，就像巨人的手臂一样，阻挡着汹涌澎湃的江涛对江堤的冲刷。特来克没有辜负张謇对他的信任和厚望，他带来西方先进的水利工程技术，不但有效治理了南通的塌江，还对南通市政建设和沿海垦区水利建设贡献巨大。

特来克还为南通、如皋、海门、启东等县（市）区水利工程日夜操劳。据统计：他主持建造了大型水闸 1 座、中小型水闸 7 座、桥梁 1 座和水库 6 个，还完成了 3 条道路的规划图纸设计。这些水利设施在此后的百年里，一直保护南通人民的生命财产安全，有些水利工程时至今日还在继续发挥作用。以爱才著称的张謇，评价特来克“在通任事，非常勤慎”，评价小伙子工作作风“擘（bò）划周详，公德热心”，学习精神“早作而夜思，无寒暑间”。

谁能想到，死神竟然毫无预兆地来临了。1919 年 8 月 17 日，遥望港九门闸底板浇筑完成，正在赶浇岸墙，特来克到工地查看，不幸感染上霍乱。翌日清晨，年仅 29 岁的他闭上了双眼，为南通保坍治水献出了年轻的生命。张謇伤心不已，在征得其母亲同意后，特来克的遗体被公葬于南通。张謇不顾自己年迈，亲自护送灵柩到剑山南麓，并撰写墓碑碑文：“留君之骨，注人涕泪兮……君于南通，誉永世兮！”1920 年 6 月，民国政府大总统颁发褒辞，赞扬特来克“以民为天，与范堤而并寿”。为纪念这位对南通水利工程做出巨大贡献的国际友人，南通人民将他的塑像矗立在濠河之滨，他的墓园也得到精心保护。

陈天扬

张謇与气象

在风光旖旎（yǐ nǐ）的狼山东南军山，可见山顶有一处建筑，即军山气象台。气象台共四层，建在条石砌成的须弥座上。两端有台阶可直上二楼，楼内设有木质楼梯，通达顶部。东西两侧为军山气象台的仪器室和办公室。东为仪器室，日晷（guǐ）仪、日照计、风向风速计自记部分等观测设备安置其中；西为办公室；中为会客厅。拾级而上，顶部的平台视野开阔，四望无际。气象台顶层是一个小阁楼上通台顶。台顶安装风向风速计旋转部分，并装有避雷针。

军山气象台的前身是光绪三十二年（1906 年）建于南通博物苑的测候所，其建立比军山气象台还要早 10 年。据张謇嫡孙张绪武先生回忆，清光绪二十八年（1902 年）、三十年（1904 年），张謇经营的“通海垦牧公司”围垦之时，两次遭遇强台风、暴雨和大潮的袭击。堤岸被冲坏 50 多处，公司在经济上受到很大损失。为应对气象灾害，公司招工两三千人，夜以继日地赶建大堤，但是连遭几次大风潮，大堤遭到较大损坏，堤毁屋塌。紧急关头，张謇带领江导珉等人冒着风雨，督促农工加固加高海堤。他激励大家："我们要拿所有的血汗和大风潮奋抗。"而当时大家身上已分不出哪是汗哪是血了。从此以后，张謇对此仍心有余悸，他和同人们一说起大海风潮，便寝食难安："现在无论在哪里，只要一听到大风雨声，就会不由得想到海堤是否太平，连睡也睡不实。"

早在1872年，法国天主教会在上海徐家汇就建立了观象台。1879年，这座"远东第一气象台"就

1913年张謇选址南通海拔最高的五山之军山筹建军山气象台，1916年建成

已经发布台风预报，可惜不让中国人知晓。张謇认为，徐家汇观象台的这种恶劣行为，是法国人在我国越俎代庖，那时他就已经意识到，气象是关乎国家机密的事业，不应落入外国人之手。作为一名旧学之士，张謇身上所具备的真知灼见和科技兴国的气魄在当时极为罕见。张謇深切地感受到，“气象不明，不足以完全自治。”因此，他一方面遴选农校数理皆优并通英、法、日语的优等生刘渭清，赴上海徐家汇观象台学习气象，研习气象学、观测和绘制天气图、天文、统计、观星测时等项业务；另一方面选择军山，历时23个月，建成军山气象台，于1917年1月1日起正式开展气象测报工作，比中央气象研究所开展天气预报早11年。观测业务不仅包括测雨量、风向、气温、湿度等气象数据，还测报潮汐和天文数据，每天在南通地方报纸《通海新报》上发布天气预报。台内十分重视资料的积累和保存，月有月报、季有季报。从1918年起，每年还编年报一册，发表一年的观测记录和研究成果。气象台还根据观测和科学研究成果，开展科普工作，解释气象现象，破除迷信。

20世纪20年代，军山气象台学术科研活动相当活跃，创办了气象季刊，自制的赤道晷、雨量器、日照计、指星仪等先后在南京、上海举行的展览会上获奖。气象台印制英文版刊物和报表，与 40 多个国家和地区的 100 多个单位进行交流，在国际上享有相当声誉，由此军山气象台也以“国人自办第一座气象台”的身份被载入中国史册，并称之为“中国私家气象台之鼻祖”。

当时的中国国土上，纵已有不少气象观测站，但为国人自己创办的，军山气象台是第一家。毋庸置疑，张謇先生是中国近代气象科学的奠基人，开启了我国近代气象科学的先河。

刘佳

张謇与外贸

张謇主张，“今宜于各省设工政局。”“每年出口易销之土货，加工精造之，扩充之，以广其销；进口多销的洋货，则加工创仿之，以敌其入。”只有这样才能为“立国自强”奠定物质基础。张謇对当时中国花巨资进口洋货而无国货出口，导致收支不平衡而深感痛心。

张謇提出，在对外贸易中若要进行公平交易而不被洋人操纵，应建立专门机构，专职研究，统一管理，一致对外。为了把南通的绣织品销出去，张謇建立了绣织公司，在上海设立了海外贸易部，并在美国纽约设立了分公司，南通广生油厂的棉籽粕就经上海销往日本，南通复新面粉厂加工生产的面粉还经此销往东南亚各国。

为了适应“自欧战停后，世界商战在中国”这一形势，张謇还积极筹设商埠，拓展通商口岸。1906 年，他通过清政府将南通的天生港自辟为商埠。出任农商总长后，他不但亲自担任沪淞商埠督办，还承担了开辟北方八区、长江流域和沿海边陲地区商埠的任务，为中国同世界的贸易创造条件。一是开设北方八区商埠，分别对张家口和归化等 8 个地区进行调查并同意开设商埠，促进了我国北方地区的经济发展；二是开辟长江两岸商埠，汉口、南京的下关与浦口、宜昌等商埠在张謇的积极支持下批文速办；三是推进沿海与边陲地区筹办商埠。张謇在农商总长任上共筹设了 20 余处商埠，并划分辖区，建立筹备机构，明确责任人，“始由传统保守之路”，走上了“与外货竞争”的出口之道。

发展对外贸易，关键是提高企业的出口竞争力。由于不平等条约的签订，外国货进口只抽 5% 的正税、2.5% 的子口税，即可在全国通行。为此，张謇主张改革税厘，重新对税赋进行调整，有的应加、有的要减。他说：“运销外洋草帽辫、地席两项，减半征收税银，通花边绸、通花绸中绸、通花夏布、发织髻网、蜜汁果品五项，无论运销何处，所有出口及复进口各税，一律暂行免征。”张謇的这些主张均得到了批准，张謇很有兴味地说：“所减免之额，不过数百万或至千万，而商人苦病乃大减，实业上之进步，乃大有希望。”

1914 年 9 月张謇给大总统呈请减免土布税，凡棉织土布，无论是何种花色种类，所有海关厘金、落地捐等税收一律免除。同年又呈请减免茶叶出口税，

1915年再次呈请减免七种自制品的出口税，从而减轻了企业的税负，增强企业进入国际市场后的竞争力。

由于我国度量衡的旧制种类繁多，在进出口对外贸易中交换双方十分不便。张謇在任农商总长后，认真研究，努力改制度量衡，逐步与国际接轨。民国初年国内币制状况紊乱，市场流通的各类货币多种多样，张謇在国务院会议上提出“改革币制”的动议，后经国务会议讨论，采纳张謇的建议，决定采用银本位制，颁布《国币条例》及施行细则。

质量和信誉，是对外贸易的基础和生命。张謇在实践中也深谙此道。当张謇发现我国外销茶叶因质量低劣而影响出口额时，随即将“茶叶销数，日形减退”的情况上书政府，请予整顿，并拟具了整顿茶业办法，制定了《茶叶检查条例》，在上海、汉口、福州等销茶地点设立茶叶检查所，“其纯净者，分别等级，盖用合格印证。”对茶质优异者，奖励其种茶户及茶商，以资鼓励，对质量粗劣的茶叶，盖有不合格印证，禁止买卖，令其交纳罚金，以资惩戒。

张謇在外国资本和封建势力双重压迫的隙缝中，为我国近代对外贸易提出了许多独到的见解，制定了合理、有效的对策。

黄鹤群

张謇与外资

张謇之子、淮海实业银行总经理张孝若像。张孝若奉政府之命考察英美等10国于1924年归国时所摄

张謇根据世界经济形势的变化，提出了“开放主义”思想，萌发了举借外债兴办国内企业的念头，“遂有国外作输入母财之希冀”，正式提出了借外债办实业的主张。当时，袁世凯任北洋大臣，为建造铁路而又无钱，有人主张借外债，可袁世凯的部属意见不统一，于是就派杨士琦去南方向张謇咨询。张謇说，外债“借自可，但当问用于何事？用以何法？用者何人？当则借，不当则不借”。他还说道：“中国内地风气尚未尽开，资本又不充裕，试问，舍世界

各国经济互助，有何另法？”

在当时闭关自守的政策禁锢的社会风气之下，张謇提出“借外债以生利”的“开放主义”主张，常常不被人理解，甚至还遭人斥之为“借债亡国”。对此，他说：“世界各国之兴大利、除大害，无一不借外债。亡不亡视用债与还债之属于生利抑耗利，而不在于借不借也。”

1914 年 1 月 30 日，张謇为实施庞大的导淮工程计划，以水利局总裁的身份，代表中国政府，同美国红十字会的驻京公使洽谈了借款美元 3000 万的事宜，并签订了借款草约；1914 年 2 月，张謇以农商总长名义，在中美合办油矿合同上签字；他还为筹建衡器制造所，与美商方克伯签订了借款 200 万美元的草约（后因欧战发生而终止）。1921 年，张謇为完成海州与南通间的开垦、水利事业和解决大生一、二厂因频繁的自然灾害和军阀混战所造成的资金困难，曾以大生纱厂作担保，派垦牧公司代表陈仪、章亮之以及大生纱厂代表张同寿三人去日本洽谈借款 800 万元的事宜。谈判两年，终因条件太苛刻而未成。

张謇举借外债，是有原则的。第一要对自己有利；第二要考虑偿还能力；第三要办盈利事业；第四必须考虑“还本付息”；第五应条约正当、权限分明、手

1920 年，经大生股东会决定，成立南通淮海实业银行，张孝若任总经理

续完备；第六必须要有担保；第七应以尊重主权为前提，不可丧失主权。

张謇于民国初年，向大总统提交呈文，提出“以振兴实业为挽救贫弱之方，又以开放门户，利用外资为振兴实业之生计”之策。张謇还提出了如何利用外资的途径和方法。张謇亲自与外方谈判，以举办中外合资企业。1910 年张謇在南洋劝业会期间，以江苏省咨议局议长的身份，与美国实业界代表团签订了中美合资银行（509 万美元）和合资航业（60 万美元）的协议书。民国二年（1913 年），他与日本商人沧知洽谈中日合资兴业公司事宜，翌年审定了中日实业股份有限公司的章程条款。民国三年（1914年），他与法国人签订了中法劝业银行合约和办法。这些条约，虽然后来因国事变更，欧战爆发而终止，但其思路开阔，举措合理，方法得当，可谓创新之策，对后人很有借鉴之处。

张謇在主张举借外债、举办中外合资企业的同时，还竭力主张效法外国，通过雇佣、代办等途径，利用国外资金，开发国土资源。请外国人代办事宜，“凡先难后易而可以永久获利之事业用之。”张謇对黑龙江汤原县地主购置土地、雇佣美国东益公司并用其资金开垦的“大农法”大加赞赏。除通过委托代办，引进外资开发国土资源外还可以用于开矿。张謇在《通告部员书》一文中，明确提出了铁矿对外开放的主张：“铁矿需本尤重，非用开放主义无可措手，但使条约正当，权限分明，既借以发展地质之蕴藏，又可以赡贫民之生活。”

张謇在他那个年代，为了振兴民族经济，提出举借外债、利用外资，举办中外合资企业和合作项目，这是一种创新之举，实属难能可贵，即使在今天仍不失为良策。

黄鹤群

张謇与劝业

清末，有一场中国举办的盛会让社会各界兴奋不已，报界更是不吝溢美之词：“全国之大钟表也，商人之大实业学校也，产品之大广告场也，输送本国货以向外国之轮船、铁道也。”“一日观会，胜于十年就学。”这次盛会就是中国第一次举办的世界博览会，也就是“南洋劝业会”。之所以冠名“南洋”，是因为南京的两江总督兼任南洋通商大臣。

西风东渐，中国在参与国际博览会外，有识之士也开始酝酿尝试自己创办博览会。这以 1910 年 6 月至 11 月在南京举办的“南洋劝业会”最具代表性。虽然它是江苏地方举办的，却是中国第一次举办博览会，不但规模最大，而且参展方也最多，“名虽冠以南洋，实则推行全国。”除蒙古、西藏、新疆外，22 个行政省全部提供了展品。东南亚、英国、美国、日本、德国等也都有展品参展。

此事与张謇有关联。1908年11月时任两江总督的端方与江苏巡抚陈启泰联名给朝廷上奏《筹办南洋劝业会折》，这一动议很快得到以张謇为首的东南地区上层绅商的积极响应，张謇积极参与筹备事宜。1909年2月由端方与张謇等在南京成立了南洋劝业事务所，负责筹办工作。1909年8月清廷原来准备任命张謇为南洋劝业会审判长，后来考虑其当时的声望，张謇被推选为南洋劝业会研究会执行总干事，负责对南洋劝业会参展物品的研究和审查。由于对展品的认真审察，奠定了第一次劝业会获得巨大成功的基础。当时

1909年在南京举办了中国最早的一次博览会南洋劝业会。图为《南洋劝业会场全图》

沈寿就是审察员之一，通过这次活动，张謇也深入地了解了沈寿这个人才。

1910 年 2 月，位于南京市鼓楼区丁家桥的城北“江宁公园”内的南洋劝业会场竣工。1910 年 6 月 5 日，南洋劝业会正式开幕，张謇代表江苏省咨议局发表颂辞，对南洋劝业会的召开表示衷心祝贺。张謇的致辞“情足动人”，颇受好评。

这次博览会持续了近六个月之久，除边疆省份外，各省均建有自己的展览馆，英、美、德、日各国也有展品展出。会场占地 1000 余亩，周围约 7 里。场馆自建工程 15 所，设有教育、工艺、农业、机械、美术、卫生、武备、机械、京畿（jī）等馆，并开设南馆陈列南洋华侨产品，设第一、二、三参考馆，展出欧美日本等国外产品，外省有十几个自建馆，另有三个专门馆、三个特别馆。全部展品分为 24 部、420 类达 100 多万件。其中不乏私人收藏的名贵古玩、玉器珠宝、字画和精制工艺品等，还有各地土特产，如景德镇瓷器、宜兴紫砂、北京景泰蓝、扬州玉雕、福州漆器、苏绣、湘绣、山东玻璃器皿及云贵中草药等。各类展品琳琅满目，五彩缤纷，令人目不暇接。会场内外还附设马戏场、动物园、植物园、剧场、大小商店等，游艺场有 30 多个。每天人山人海热闹非凡，观众达

30余万人次，获奖展品共达五千余件。此次博览会，规模之宏大，内容之丰富，参观人数之多，在中国历史上是空前的。难能可贵的是从开会到闭会，会场秩序井然，就连普通世博会常有的火灾、盗窃之类的意外事件也从未发生。

张謇还在南洋劝业会上发起组织全国农务联合会、工业演说大会和报界俱进会等全国性社团组织。全国农务联合会由张謇任干事长的劝业研究会发起，旨在“联络全国农业机关，调查全国农业情况，规划、劝导全国农业改良与进行”。实际上这是各省农会的联合体。全国农务联合会还创刊发行农务联合会杂志，张謇为之作序。劝业会开办之后，南京城市基本建设设施如电灯、电话、旅馆、铁路等，都有了明显的改善与提高，经济社会有了很大的发展。

黄鹤群

张謇与世博

1901 年，张謇在《变法平议》中把举办博览会列为改良政治和振兴实业的一项变法内容，认为“博览会尤有益于工”。

1903 年张謇应邀参加日本大阪世博会。这对他来说，是多年来实现“东游考察”愿望，考察研究博览会的时机，于是欣然应邀。4 月 27 日，张謇乘坐日本邮船会社“博爱丸”号抵达长崎。五月初二，张謇持请柬，前往博览会所在地大阪市天王寺今宫。一进会场，张謇看到博览会约有 60 多万平方尺，馆舍面积也有 9 万多平方尺，其场面之大，参观者人山人海，甚为震撼。进入博览会会场，他看到陈列之物分为 10 个门类，每一门类又分为 8 个馆。此外，还另设参考馆展出外国产品，博览会出品数达到 22 万多件，令张謇大开眼界。

张謇对中国参展十分关注。他看到中国置办物品

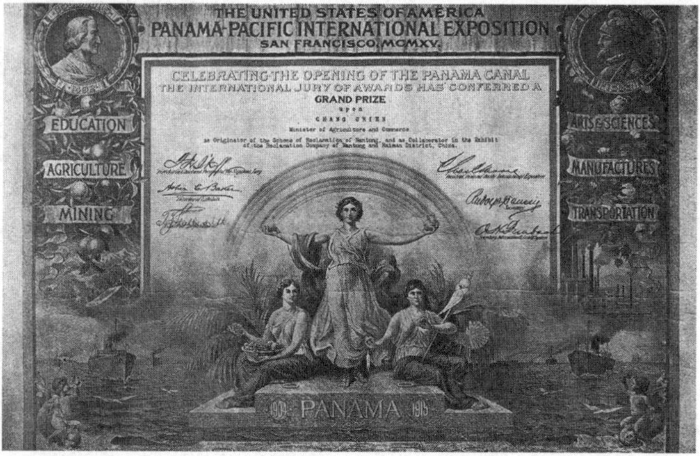

1915 年美国巴拿马国际博览会颁给张謇的荣誉大奖，以表彰他所办事业取得的显著成绩

前来参展的有江苏、湖北、湖南、山东、四川、福建六省的陈列品，多为古董。张謇认为这些旧古董放在博物馆还差不多，不应放到博览会上来，批评展品挑选不当。他想到家乡的产品十分感慨：“以余乡而言，通州、海门墨核鸡脚之棉，吕四真梁之盐，皆足与五洲名产争衡。”却“皆不与焉”。

张謇专门考察农林馆后，还参观了机械馆、通运馆、水产馆和电气光学馆。他离开大阪前，又去博览会反复考察工农应用器具，并购买了赠幼儿园的礼品。受大阪博览会的启发，张謇于 1905 年《上学部请设博览馆议》中，建议“北京先行奏请建设帝室博览馆一区，以为行省之模范”，推崇和倡导建设中国的博览事业。

1906 年，意大利米兰举办博览会。南洋大臣周馥举荐，由时任商务部头等顾问官的张謇出马策划参与此次渔业博览会。张謇研究了历次赛会的情况后，对此次博览会提出了两点至关重要的建议：一是成立“七省渔业公司”，由官方和民间合作自筹展品赴会；二是要注意此次渔业赛会所暗含的领海主权问题。张謇招聘精干人才前往陈列，圆满地完成了赴会的任务。张謇创办的吕四盐场的盐，颐生酿造公司的颐生酒和颐生罐诘公司和温州罐诘公司的罐食同获金奖，而且“赴会参加商等多得微利”，效果较佳。

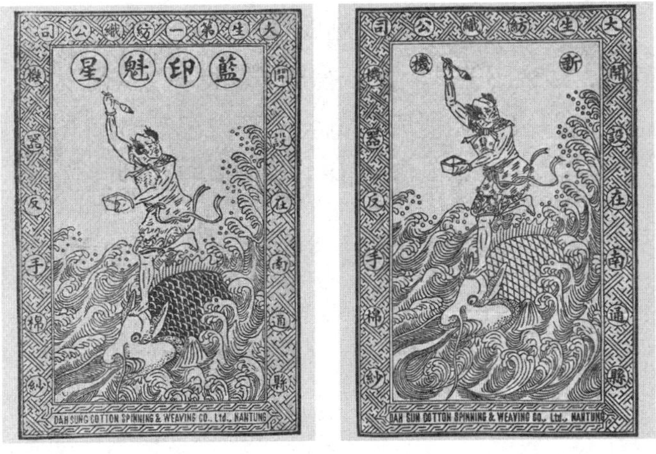

大生纱厂魁星商标

1913 年 9 月，张謇赴京任农林部、工商部总长，得悉 1915 年将在美国旧金山市举办巴拿马世博会。张謇派出黄慕德、束日璐赴美修筑政府馆，仿北京太和殿修建，分为正馆、东西偏馆、亭、塔、牌楼六部分，雕梁画栋，飞檐拱壁，民族特色为各国参观者赞美。

巴拿马万国博览会定于 1915 年春在美国旧金山开幕。中国和日本的参赛展品最多，因此都得到 5 万平方英尺（相当于 5400 平方米）的场地。4 月 22 日，中国馆开幕。飞机空中盘旋，陆军阶下列队。一边是中华会馆合唱队，另一边是美国乐队特来演奏中国国歌。会场总理特将这一天命名为“中华日”，其开幕式盛况空前，史无前例。中国展品在本届博览会上，共获得大奖章 57 枚、金牌 258 块，总共获奖 1211 个，其中，沈寿所绣的耶稣冠荆像，获得博览会金奖。张謇本人也因突出的成就而获得巴拿马博览会荣誉大奖。

张謇等人参加世界博览会乃至自己筹办南洋劝业会，接触了外面的世界，也让世界了解了地大物博的中国。

黄鹤群

张謇与盐业

1904，张謇在吕四同仁泰盐业公司试验场试制精制盐。工艺流程有原盐化卤、煎卤去杂、清卤再制等三道工序。这比浙江人景学钤于1914年创办的久大精盐公司还早十年，为中国境内第一家。

张謇创办同仁泰盐业公司有两大目的。一是“救国先救穷”。张謇认为“国计大利在于盐，大害在于枭，盐生利、利生枭，害进利则退，而国计穷矣”。救穷需革盐的生产方式，调动盐民积极性。二是将传统“煎盐法”改为“晒盐法”，利用太阳能节省成本，腾出沿海草滩改种棉花，为棉纺工业提供原料。同仁泰盐业公司有一套完整的管理机构，张謇任公司经理，实际负责的经理是周健甫，太仓人。公司设文书、总账房、出纳各一名，工人不分职务但工作时有分工，如卸盐、做包、杆秤等。

同仁泰盐业公司除经营盐业外，还兼营垦务。张謇拟订了《同仁泰盐业公司合同》与《同仁泰盐业公司整顿通章》。按照张謇的创业宗旨，同仁泰盐业公司初期实施了三项改革。一是整修生产设备，改革规章制度，投资规银2000余两，扩大灰场、疏港、浚塘工程，把封建衙门式的盐垣，改为资本主义化的公司。二是改进生产技术。1905年投入巨资购地1100多亩，借鉴松江式晒法，发展板晒盐生产，既不用草煎，也不需草灰吸卤，节省草地，有利于发展垦殖。至1921年，同仁泰盐业公司的晒板已达2万多块。三是采用资本主义的生产方式，实施工厂化管理。

吕四自古产盐，由于盐质晶莹鲜洁，被尊为“色味甲天下”，曾供皇室食用，故称贡盐，“总之，淮南煎盐，尤以吕四所产为好，无论聚煎、板晒，品质最上，推为淮南之冠。”成立同仁泰盐业公司后，质量进一步提高。张謇十分重视盐的改良，收集各种盐的样品，如四川、湖南、山东等二十几个省市的盐样品，存放在同仁泰盐业公司里，其中还有井盐的样品。张謇在对各种盐进行比较的基础上，试验板晒制盐法获得成功。

1906年，意大利决定在米兰市举办世博会，有英、法、美、德、比、奥、中、日等25个国家参加，参观人数有千万之多。早在1905年，清政府就决定参加次年举行的这次盛会，具体由商务部头等顾问官张謇负责。同仁泰盐业公司所产精制盐运赴意大利米兰万国博览会参赛。由于盐粒细、味道美、色泽晶莹如雪，荣获头等奖。这也是中国盐产品在世界最早获得的大奖。1908 年同仁泰盐业公司再度将所产的精制盐，运赴荷兰万国展览会参赛，又获得金质奖章。1910 年，南洋劝业会是中国举办的第一次世界博览会， 6 月 5 日在南京举办，历时达半年，共有中外 30 多万人参观，22 个行省和 14 个国家及地区前来参加展览，同仁泰盐业公司的精制盐也作为展品运赴南洋劝业会场参赛，又荣获最优等奖牌。1915 年，美国为庆祝开凿巴拿马运河竣工通航，在旧金山举办博览会， 31 个国家的 20 多万件物品参展，来自中国 19 个省的 4000 件物品运往旧金山。张謇因创办实业、教育及倡导淮南盐区垦殖事业成绩卓著蜚声海外，获得博览会大奖状。同仁泰盐业公司的精制盐也赴会参赛，荣获特等奖状。

吕四精制盐四获国际大奖，名声大噪，吸引了各地的盐商。这条宽约 10 米的通吕运河两旁，停满了来自全国各地的船只。装满了盐包的船只走了一批又一批，长年十分热闹。

同仁泰盐业公司是成功的，其原因一是采用了板晒法；二是公司管理上是很严格的，不准职员经商，吃饭时敲铃，吃完饭后，职员各到办公室，各做其事。“同仁泰”是吕四镇的骄傲。

黄鹤群

张謇与颐生

光绪三十二年（1906）四月上旬的一天，意大利米兰世界博览会上，中国展示馆里外人气鼎盛，摩肩接踵。游客为什么如此青睐中国馆呢？肤色各异的人们扇着鼻翼，被空气中的一种特别醇厚奇妙的酒香吸引而来。

按理说酒在瓶中，酒的芬芳不会这么放肆地扩散漫延、四处飘荡的。可是，事有凑巧，游客不小心打破了展台的一个酒瓶，酒香一下子被释放出来，吸引各色人等聚集于此，手拈小杯，争相品尝中国美酒，连声称赞“OK，OK”！原来游客们品尝的中国酒，是颐生酿造厂出品的茵陈酒，产自江苏海门常乐镇，酒厂创始人是清末状元张謇。

张謇的家乡常乐有酿酒的传统，他十分欣赏家酿的味道，年轻时曾经信笔挥毫，妙手偶得联语：“浅倾家酿酒，细读手抄书。”然而把家酿升格为享誉全球的美酒背后，还是有些曲折的。20 世纪初，张謇为了给大生纱厂兴建产棉基地，创办了通海垦牧公司，刚刚开垦的海滩土地十分适宜种植高粱、豌豆、大麦之类的作物，而这些正是最好的酿酒原料，垦区的民工又需要以烧酒驱寒提神，于是张謇把家里的酿酒作坊移到垦区海复镇，扩建成酒厂，起名颐生酿造公司。然而 1905 年的特大风潮袭击垦区，颐生酿造公司毁于一旦。灾后，张謇在家乡常乐镇西首另建颐生酿造厂。为什么要以“颐生”命名酒厂呢？“颐生”，即颐养民生、健体养生的意思，蕴含着张謇的情怀。

酒厂筹建当年，张謇曾多次派员前往洋河、沭阳、牛庄、汾水等地的著名酒厂取经，并聘请山西作曲名师瞿逸仙，还有精于吊酒、调酒的张希贤师傅传授技术，对质量把关。一天，张謇请瞿逸仙、张希贤两位师傅喝酒聊天。两位师傅可是酒仙，不仅有千杯不醉之量，而且品酒本领也是登峰造极。酒过三巡，张謇开口说正题：“虽说酒能提神，但是也会伤身，两位大师最好能酿造出既能提神又能健身的饮品来，那就

张謇题写的颐生酿造厂厂牌

1906年颐生酒获意大利万国博览会金奖奖状

功德无量啦！”“喝酒人就是要过酒瘾，我作曲千方百计谋求酒劲。状元公要求酿造养生的酒，好新鲜。”瞿师傅哈哈一笑。张师傅说：“我吊酒、调酒，想方设法勾兑香气诱人、口感好的酒！状元公的愿望虽然好，但比较难。”张謇笑了笑，一本正经地对两位师傅说：“我想与两位大师合作，酿造香气好、口感好，适量饮用对身体也好的酒，这样，才算对得起我们的厂牌‘颐生’。”两位师傅一听状元公要与自己合作，十分激动，都停杯听下文。张謇不无感慨地向两位师傅倾诉：“我国虽是文明古国，酿造历史悠久，但千万不能墨守成规，只有创新才能出精品。你们知道吗，世界上有个博览会，展出各国名优特产，我们中国虽然也参与，但缺少上好的产品，如果只拿女人的绣花鞋之类的物件去展出，实在有失国人颜面，短了中华志气啊！”两位师傅若有所思。接着张謇又说：“我偶然获得几张宫廷秘方，其中的中药都有滋补养生功效。宫中人制成膏丸服用。我想药食同源，是中医文化的精髓，我们试着用中药炮制酿酒，你们看看是否可行、是否有效。”两位酿酒师傅一下子兴奋起来。张謇从囊中取出秘方，给两人过目，之后又意味深长地说，“还望两位谨慎保管。”张謇的信任令两位师傅跃跃欲试：“我们一定尽心尽力去试验！”第二天两位师傅就满怀信心地投入新酒酿制，张謇也一有空就往酒厂跑。不知经过多少回的不断调试，最后确定在曲酒中加入西藏红花、四川茵陈草、广东陈皮、岱岱花、佛手等药草和适量的绵白糖等其他副料精心泡制、长期窖藏。研发的新酒，色泽杏黄透明，口感醇和绵甜，饮后回气生香，并且具有健脾胃、保肝脏、祛风痰、舒筋骨的功效。张謇十分兴奋，把新酿造的酒命名为“茵陈酒”。1906 年，意大利米兰举办万国博览会，清政府应邀参赛，时任商部头等顾问的张謇是主要组织者。他以“精择物品，积极赴赛”“取彼之长，补我之短，以图改良之计”的理念，积极组织参展。博览会上，张謇选送的颐生酿造厂的茵陈酒，颐生罐诘公司的食品以及同仁泰盐业公司的精制盐都得了大奖，其中颐生茵陈酒以其举世无双的独特酿造工艺和品质，获得金奖。这是中国酒类在世博会上获得的第一枚金质奖牌。

周至硕

张謇与慈善

“有钱人的势焰，实在难受，所以我非有钱不可，但是那班有了钱的人是一毛不拔做守财奴，我可是抱定有了钱，非全用掉不可。”“人单单寻钱聚财不算本事，要会用钱散财。”这是张謇说过的有关钱财的话，被其子张孝若收录于《南通张季直先生传记》中。张孝若点评说：“我父生平最不爱财，不但非分的财绝对不收，就是自己所有的财产，都用在地方建设上去了。”

40 岁以前，张謇是个比较清贫的读书人，空有一腔抱负而难以施展。他 1895 年奉命办厂，集资过程可以说艰辛无比，尝尽了“缺钱”的滋味。好在经过 4 年多的艰难筹备，1899 年大生纱厂开车并获利。大生纱厂在 1899~1921 年的 23 年经营中，共有 22 年赢利，只有 1 年亏损 (1916 年)，利润总额高达 1161 万两白银 (另说达 1236 万两白银)。而作为大生纱厂创办人、股东之一的张謇个人得到的余利与花

张謇老年时的照片

红两项红利，总额应在百万以上。这个百万两白银，换算成今天的人民币的话，说张謇是个亿万富翁当不为过。

张謇赚了这么多钱，用到哪里去了呢？1925年，张謇在大生股东会上交由股东们讨论的一份《建议书》，其中对他20多年中所获企业红利的去向做了回顾："按南通地方教育事项，为农科大学、医学专门、女师范、图书馆、蚕桑讲习所，此五项每年五万八千四百四十元。慈善事项，为医院、残废院、栖流所，此三项为每年二万二千五百六十元。公益事项，为气象台、博物苑，每年四千零八十元。总计为八万五千零八十元。从前皆謇以所得于厂，与所负债，与叔兄（张詧）分任者。""今结至本月计二十余年，除謇自用于地方及他处教育慈善公益可记者一百五十余万外，合叔兄所用已二百余万；謇单独负债，又八九十万元，另有表可按。"可见，张謇的钱几乎全部用于南通地方建设了，尤其是教育、慈善和公益事业。他资助慈善公益事业的钱款数量是非常大的，达到一百五十多万，并且还负债八九十万，一共约二百四十万。

张謇不仅将其创办实业所得的利润无私捐助于慈善事业，而且当创办的慈善事业遇到资金困难时，他还用自己的一技之长来获取慈善公益事业的经费。作为状元与书法名家，张謇一旦泼墨挥毫，往往能立即筹集一笔款项以救急用。如从 1906 年开始，张謇便以鬻字的方式来为育婴堂筹资，当时曾计划每季度以卖足五百元为止，一年得 两千元，可够百名儿童一年之用。但育婴堂因所收婴儿不断增加，负债累累。张謇于 1909 年刊登启事，继续鬻字。随着创办的公益慈善事业的不断增加，用于慈善的经费日渐紧张，为了维持残废院、盲哑学校的开支，张謇先后发布《为残废院盲哑学校鬻字启》和《继续鬻字启》，为学校筹款。1922 年大生企业集团发生前所未有的危机，各项慈善公益事业的经费更为困难。此时的张謇年已古稀，但为了南通的

南通第三养老院庭院

慈善事业他不顾年事已高，仍去卖字。这次鬻字定期为一月，每日写两小时。而事实上，张謇的这次鬻字竟持续两年多的时间。一直到 1924 年 9 月，72 岁高龄的张謇才最终放下鬻字的墨笔。据不完全统计，张謇在《申报》《新闻报》上至少各刊登过 12 次广告，在南通的《通海新报》上至少刊登过 7 次广告。1923 年，张謇鬻字“收入万二三千”，1924 年，张謇鬻字收入“约七千六百元”。两年时间靠鬻字收获两万元，全部用于慈善公益。

此外，张謇用担任盐政总理所得的“六万六千元”酬金，“拿来就办了南通、东台、仪征的三个贫民工场。”张謇 60 岁、70 岁生日所收的礼金分别用于筹建南通第一、第三养老院；张孝若结婚所收礼金，张謇分别用于南通赈灾，改善犯人待遇与资助残废院用途；张孝若出国留学所收礼金，张謇全部捐赠给南通五公园的建设。张謇还每每慷慨解囊，捐赠重金，推动国内其他地区教育、科学事业的发展，这样的例子不胜枚举。

张謇为民慷慨解囊，对自己却极为吝啬，事实上，张謇的日常生活是令人难以想象的俭朴。他的儿子追述其父日常生活时写道：“他穿的衣衫，有几件差不多穿了三四十年之久，平常穿的大概都有十年八年。如果袜子袄子破了，总是加补丁，要补到不可再补，方才换一件新的。每天饭菜，不过一荤一素一汤，没有特客，向来不杀鸡鸭……常说，应该用的，为人用的，一千一万都得不眨眼顺手就用；自用的，消耗的，连一个钱都得想想，都得节省。”

张謇晚年虽境况艰难，但致力于慈善事业的热情未减。张孝若说道：“在我父逝世那一个月，因为教育界的沙田纠纷案，还拿出九千元帮男女师范及幼稚园置沙田基产。我父一生一世为地方事业抱莫大牺牲的决心，所以他所有的钱财都用掉了。他本人虽依旧穷了，然而南通地方可是就光明灿烂了。”1926年张謇去世，身上穿的衣服是用大生纱厂所织的大布做的，墓中陪葬品只有一顶礼帽、一副眼镜、一把折扇，还有一对金属的小盒子，分别装着一粒牙齿、一束胎发。正如他自己说的，“我是穷人来，还是穷人去。”

陈春华

张謇与鬻字

鬻，是个生僻字，读 yù，卖的意思，是拿东西换钱，而“字”不是一般的东西，用它换钱，当然得用个雅一点的动词，“鬻”字可能比较合适。张謇是清末民初中国最大的民营企业家，怎么会以字换钱呢？其中必有缘由。

张謇曾在《时报》《申报》等报纸上多次刊登过鬻字广告。能查到的第一则广告，是在光绪三十四年（1908）一月三十一日的《时报》上的《鬻字字婴启》，字数较多，陈述也详尽：“仆字本不鬻钱，有时藉逃人役则鬻，有时营实业乏旅资则亦鬻，年来鲜暇，不复为。今发起通州育婴堂，自三十二年九月开堂，至三十三年十二月初，收婴逾千数。原有经费仅银圆四千，而用逾二万，补苴掇拾，势恒不继，婴来又不可止也。筹募之法，若一文愿，若戏捐，若彩票，备矣。仆不自尽其力，无以对凡应募之人，而确为之所自尽者，惟有鬻字。拟自三十四年正月元旦始，凡欲仆作字者，请皆以钱。钱到登记，字成即交，按季鬻满五百元即止。仆字不足道也，而以鬻字之钱当所育婴，百婴之命绕于仆腕，诸君倘不吝钱，不疵瑕仆乎？鬻例如左。楹联行书：三尺大五言一元五角；扇行书每件一元；楷书加倍。”

张謇说自己的字本来不卖钱的，但为了以写字代替服劳役、为创办实业车旅费无从着落，就卖字救急。不过，这次鬻字是通州育婴堂经费大大超出了预计，一千多名孩子的生活费用无从着落。

时隔两月的三月二十八日，《时报》上又登一则广告，题目是《鬻字改例启》，广告内容较短：“鬻字字婴，始意也。通州师范学校附属之博物苑购求陈列品，亦苦无资，又有从求留学费者，不知仆负任之力固已尽也。无已，则倍鬻以济之。春季所鬻，得已逾千，人事卒卒鲜暇，顷如截收夏季。”本次鬻字是为博物苑购买陈列品等筹款。不过这次鬻字，张謇的字涨价了，每件同类作品普遍提高一元。虽然张謇字贵，而且到后来越卖越贵，但是求字者不惜重金，仍络绎不绝。

1922 年，张謇已是 70 岁的老人，他在 8 月 24 日《申报》上刊登的《鬻字启事》，更是感人不已，但收费标准更高了，比如书写扇册，从原来的二元提高到了六元。然而人们觅状元书法如觅珍宝。为什么有这么多人想求得张謇的字呢？答案很简单：张謇的字是“同光第一人”。意思说在清代的同治、光绪年间，张謇的书法首屈一指。

张謇在广告中说“鬻字犹劳工也。忽忽十余年”，这是指从他登广告卖字起计算，其实，从他1895年在上海卖字筹措旅费到1924年为止，为创办实业、公益慈善事业断断续续卖字30年。1924年9月29日，张謇作诗一首，为自己的鬻字经历画上一个句号。“鬻字告终以诗记之：大热何尝困老夫，七旬千纸落江湖。墨池径寸蛟龙泽，满眼良苗济得无。”这首诗应该是张謇的内心独白：大热天哪能动摇鬻字济助慈善公益的初心，成千上万宣纸承载着七旬老者的书法，飘落大千世界。砚池虽小，但可化作能容蛟龙翻腾的江海大河，放眼亲手栽种的禾苗，得到甘雨滋润了吗？

张謇把自己创办的慈善公益事业比作“良苗”，而且心中念念不忘“济得无”。为了慈善公益事业筹款坚持鬻字30年，中国历史上还有谁呢？

周至硕

张謇与出版

张謇不仅担任过江宁书局的总校，还亲自创办和参与创办了《星报》《通报》《新通报》《南通新报》《南通报》《公园日报》等多种报纸，入股过《申报》及中国图书公司，但他最大的成就是创办翰墨林印书局。翰墨林印书局成立于 1903 年，比商务印书馆晚

翰墨林印书局

金泽荣，号沧江，于 1883 年在汉城与张謇相识，互为敬慕。携妻女避居中国。任翰墨林印书局编校。图为金泽荣像

六年，比中华书局早八年，可以说是中国近代印刷工业的先驱之一。书局选址位于南濠河北岸、南通知名的园苑“西园”，环境清幽雅致，适宜文化交流，取名为“翰墨林印书局”。从所印书籍的版权页来看，则较多使用“翰墨林编译印书局”的名称。

创办印书局的设想是张謇在东游日本时候产生的。1903 年张謇获邀参观日本第五次国内劝业博览会，对日本的出版机构进行了参观访问，并详细记录了日本《朝日新闻》社的印刷车间、京都的两间造纸场及活版铅字制造所的情况，他还从日本带回教材图书 56 册。成立印书局，起初是为了促进南通新式教育发展，适应通州师范学校编译新式教材的需要。翰墨林印书局先后编印、出版了语文、数学、历史、地理、生物、化学、物理、音乐、美术等各科教科书，涵盖中小学、大学以及农、工、商等各类学校。张謇还非常关心南通地方文化的建设，充分运用个人的社会资本，通过翰墨林印书局收集、整理出版了《乡土历史地理》《民国南通县图志》《雪宧(yí)绣谱》《通俗常言疏证》《音乐初津》《个道人遗墨》《范伯子诗文集》《兴学要言》等具有文献价值和学术意义的图书，其中《乡土历史地理》是我国近代最早的乡土历史教材。除了编译出版大量涉及实业、教育的书籍资料，为地方文化教育的发展提供支持外，张謇还将书局作为他宣传政治主张的重要阵地，组织编译刊刻了《宪法义解》《日本宪法》《日本议会史》等有关君主立宪的著作。因为韩国著名学者金泽荣（号沧江）的加盟，翰墨林书局还形成了关注和出版韩国历史、文学著作的一大特色。翰墨林创办时，张謇借鉴了大生纱厂“泰西公司集资”式股份制，并明确了“为一方学术公益之义多”的创办宗旨。印书局兼备编译、印刷与发行三方面的机构。翰墨林印书局的规模在当时是非常可观的，刚成立时候有16人，到1930年发展为100人。设备方面也有当时较为先进的印刷机7部，铸字机4部。经济效益上几乎每年都有盈余。书局一时人才云集，成为南通乃至苏北地区影响最大的出版机构。“翰墨林”营业范围广泛，除了承印学校的讲义课本、公司的表格账册、新闻报纸、广告商标外，还设有门市营业部。

翰墨林书局制度严明，注重细节与口碑。1903

年创办之初，张謇就制定了《翰墨林书局章程》，对书局事务加以严格规定，以保障书局的有序运营。在质量把控上，有比较严格的初校和复校制度。即使正式装订后，校对仍在同步反复进行；如已出版，但经校对仍有错漏，则对有误之处详加说明，并尾附“正误表”，以示读者，最大限度保障了书籍质量和书局信誉。书局还注重书籍的整体设计，封面多用名家题写书名，内容上坚持竖式排文的同时也大量使用插图，装订方式上坚持线装与平订相结合。1909年，翰墨林印书局所出书籍参加通州物产会得银牌，次年在南洋劝业会又获得银牌。

张謇还非常重视图书版权和知识产权的保护。翰墨林印书局出版图书，在其扉页或封底中均印有“版权所有，不得翻印”等字样，充分反映了张謇强烈的版权意识。

胡梅

张謇与档案

珍藏在南通市档案馆的近万卷大生档案，兼具历史价值和文物价值，历史学家茅家琦认为，这“是张謇留下的研究中国民族资本主义企业和民族资产阶级的最完整的一份资料”。张謇档案为什么保存得如此完整呢?

张謇年轻时，曾先后在原通州知州、后来负责江宁发审局的孙云锦和庆军统领吴长庆处当过幕僚。幕僚相当于私人秘书，既处理文书也管理档案，因此是个兼职的档案管理员。张謇十分重视档案的形成与积累，他的儿子张孝若在所作的《南通张季直先生传记》“自序”中说：“我父有许多实在的事业，他一生几乎没有一件事没有一篇文字的。”张謇发出的函电，都会留下底稿。由于经营的需要，大生企业的各种规章中都有关于公务文件形成与积累的规定，如大生纱厂的《厂约》就明确：“管理股票、公文、函牍，接应宾客，银钱账目董事之事也。”大生纱厂《银钱总账房章程》规定：“沪账房逐日所来信件，凡与厂事有关者，各处阅后，均应送总账房存查。”“沪账房逐日寄到洋厘报单，进出货处阅后录簿，原单送存总账房备核。”

张謇还关注基建、设备档案的形成。1904 年大生分厂《银钱总账房章程》“成本”栏下，有许多内容都是对于档案的要求。例如它其中的“乙、丙”等涉及土地和房屋，档案要求如下：“乙、购买厂基之地，坐落方向、户名、亩数，一一查契，按年月抄记编号，专列一册，附系以图。开河、垫土、筑路工价，一并隶入。丙、建造全厂房屋及工房、市房，位置方向，高广宽深尺寸，土木铁石工料价值，按进分晰开列，专列一册，附系以图。厂外桥闸各工一并隶入。”

大生分厂设立之时，张謇经营大生纱厂已有多年，大生系统各个单位都形成了相应的档案，但是由于战争的原因，张謇在南通所创立的企事业单位形成和保管的档案，大部分都不存于世。而作为大生企事业单位在上海的窗口的大生沪所，它的档案幸运地留存了下来。由于大生沪所早在 1896 年就设立，参与了大生纱厂的筹备过程，因此保存了大生纱厂创办初期的档案，这部分档案被国家档案局列入了首批“中国档案文献遗产名录”。随着张謇所创事业的推进，大生沪所的职能日益繁复，地位也日渐提升，最终成为整个大生系统的管理中心，因此大生沪所保存下来的档案，基本涉及大生系统方方面面，而核心内容则是纺织和盐垦，这也跟大生系统投资的主要领域相一致。

需要陈述的是，大生档案的保存经历了曲折的过程。南通解放前夕，当时大生掌门人张敬礼最终选择留在了大陆，使得包括大生档案在内的大生主要资产没有南迁，保存了南通经济社会发展的根基。大生档案先是跟随大生沪所不断搬迁，最后两次分别为1920 年迁入上海九江路的南通大厦，1930 年搬进南京路保安坊上海女子商业储蓄银行。1953 年 8 月之前，大生档案的大部分被装入大箱，从上海运到南通，在大生第一纺织公司进行初步分类编排。1962 年春，鉴于大生档案处于没有专人管理状态又缺乏良好的保管条件，在曹从坡的主持下，大生档案移交给南通市档案馆。1962 年 4 月，暂存上海的剩余大生档案由洪国辉从上海运往南通，入藏南通市档案馆。1966年秋由于社会动荡，南通市委忧虑大生档案的安危，决定将大生档案转移至位于江苏省海门县的四甲部队保管，由李明勋负责，汪永传具体操作。20 世纪 70年代大生档案回归南通市档案馆，于 80 年代对外开放利用，从企业的资源成为社会记忆，成为研究中国近代史、张謇企业家精神和家国情怀的重要资料。

朱江

下篇　情怀里的张謇

张謇与求学

张謇祖上几代都是以农商为生，父亲张彭年虽然读书不多，但却是一名贤达之人，以慷慨助人、办事公道而远近闻名。张彭年年少之时对读书很渴望，但家庭条件差读不起书，使他终生遗憾，所以热切地盼望下一代中能有人实现他的读书夙愿，成就功名，光宗耀祖。于是，他对天赋甚高的第四个孩子张謇寄予厚望，希望他走出一条由读书进入仕途的道路。所以在张謇 4 岁时，父亲就教导他读书识字。5 岁时被父亲送入邻居的私塾读书，师从邱大璋。

张謇自小就有很强的记忆力，读书天赋甚高，学习勤奋，加上父母严格督促，成绩名列前茅，在一般同龄孩子中属于出类拔萃者，5 岁时就可以完整无误地背诵《千字文》，至 10 岁时已读完《三字经》《百家姓》《大学》《论语》等蒙学的基本书籍。

张謇父亲张彭年对张謇要求非常严格。夏日的一天，塾师有事外出，张謇便出去玩耍。父亲知道后，没有严厉呵责，却带着他下棉田除草，烈日炎炎使人汗如雨下，父亲于是便问张謇是种田苦呢，还是读书苦呢？张謇有过这次经历，从此以后再也没有逃学过。

张謇14岁时，到西亭改从秀才宋紫卿、宋璞（pú）斋学习，两位老师对张謇的学习管得很严，尤其是宋璞斋，他有两句警语，被张謇终身铭记在心。这两句是："若蹉跎又是一日，肯发愤何须三年？"

后来张謇改名张育才初入考场，结果两次应试的成绩都不好，老师当着众人的面痛斥张謇："假使一千人应考，取九百九十九名，只有一人不取，那人就是你！"这番话给了张謇强烈的刺激，于是他在蚊帐顶上、床头柜上都写上"九百九十九"五个字来警示自己。他每夜规定自己必须点完两根蜡烛，方可入睡。为了防止睡过头而用竹夹子夹住头发，使自己翻身即醒。夏天为防蚊虫叮咬，他身穿长衫并把脚泡在盛满水的坛子里。冬日里滴水成冰，他用冻僵的手反复练习书法。1868年10月，16岁的张謇再次参加考试，终于在院试中以第26名获得了秀才称号。

从16岁中秀才，一直到27岁，张謇每两年就去江宁参加一次乡试，先后五次都未得中。但是张謇仍然坚持不断学习，没有放弃进入仕途的想法。光绪十一年（1885 年），张謇赴京参加顺天乡试，高中第二名，尊为“南元”（南方第一名）。此后张謇参加会试，连续四次因各种缘故均遭败绩。光绪二十年（1894 年），因为慈禧太后六十寿辰而特设了恩科会试，张謇第五次进京应试，终于在 41 岁的时候得中一甲一名状元。由此看来张謇状元的获得，并不是一帆风顺、一举成名的。

张謇考中状元后，被授予六品翰林院修撰的官职。在一般人眼中算是实现了读书求学的成功“登顶”，但是他并未因此欣喜若狂，相反他觉得是“迟暮”，来得太晚了。他觉得应该在另外一种天地里“求学”，而不是读死书求做官，他要为书生争一口气，以“舍身喂虎”的气概去做实事、办实业，因此才有了“状元办厂”的传奇。

即使是在社会这所学堂里继续求学，张謇也是学得才高八斗、学富五车，但他并没有因此而满足，不仅对老而好学的曹操和袁遗赞誉有加，而且提出“70 岁以后又是读书时期”，他的一生其实都是在读书求学，直到生命的最后一息。

黄鹤群

张謇与爱国

清末，随着民族危机的不断加深，张謇的心情亦“无时不在忧患之中”，深感中国可能有亡国灭种的危险。对中日甲午战争，张謇更是有切肤之痛，他认为，东瀛弹丸之地的蕞（zuì）尔小国，竟敢侵犯我中华泱泱大国，这是中国人的奇耻大辱。甲午之年，张謇刚刚金榜题名便以新科状元的身份，独呈奏折弹劾李鸿章，义正词严地指责李鸿章对日妥协、贻误战机、主和卖国、嫁祸于人。甲午中国战败，张謇更是异常痛苦和忧虑，“当食辄辍，中夜忽起，縻心碎胆。”“今更以我切肤之痛，益彼富强之资，逐步吞噬，计日可待。”对日本垂涎我国的罪恶野心和行径有着深切的忧愤。

张謇把这种忧愤之情转化为自我省察和反思，他说道：“中国之大患不在外侮之纷来，而在自强之无实。”1895年，他在为张之洞代拟的《条陈立国自强疏》

中，提出最好的抵御外侮的办法是发展工商实业和新式教育。张謇兴办大生纱厂及其实业体系的原始动机，就是不能再继续“沥血肥虎”。张謇对此讲得很透彻、明白，“通州之设纱厂，为通州民生计，亦即为中国利源计。通产之棉，力韧丝长，冠绝亚洲，为日厂所必需。花往纱来，日盛一日，捐我之产以资人，人即用资于我之货售我，无异沥血肥虎，而袒肉以继之。利之不保，我民日贫，国于何赖？”于是，张謇下定决心，要用兴我实业的方式反对日本的经济侵略，大生的缘起就在爱国、强国。

《马关条约》的签订，张謇悲愤至极，“和约十款几罄中国之膏血，国体之得失无论矣。”他呼吁北

曹顶是明代的抗倭英雄。1919 年，张謇修葺了曹公墓和曹公祠

洋政府“将逮捕学生释放，以安学校，而靖民气”。对反对日本人欺压中国工人的五卅运动，张謇同样给予声援、表示支持并进行了捐助。

张謇听说日本人用五种颜色在中国地图上划界，企图与西方列强瓜分中国，并扬言用十年时间可以实现，当他在日本考察博览会时，果然发现把福建诸海口绘入台湾模型版图，霸占台湾、福建之心暴露无遗，张謇义愤填膺。马关“春帆楼”是草签《马关条约》的地方，张謇东游日本时触景生情，吟诗一首：“是谁亟续贵和篇，遗恨长留乙未年。寄语游人须记取，春帆楼上马关前。”告诫后人勿忘国耻，发愤图强，决不能让历史的悲剧重演。

为弘扬爱国主义和民族正气，张謇在南郊倭子坟附近，重修曹顶墓和曹公祠。曹顶，明代嘉靖年间通州余西人。当三千倭寇进犯通州城时，曹顶率领五百水兵与之激战二十多天，冲锋陷阵，斩倭寇几百，自己也负伤数十处。朝廷论功行赏，他辞官不做，回乡以做刀切面为生。嘉靖三十六年（1557年）四月，倭寇再次来犯，曹顶带领守军与倭寇在城北五十里作战，乘胜追击倭寇到平潮，因雨天泥泞，马蹶壕沟而遇难，时年44岁。曹顶殉难后倭寇恨之入骨，对其碎尸，尸骨荡然无存。后人为纪念他，建曹公祠瞻仰供奉。民国初年，张謇为这位抗倭英雄建造了提刀跨马塑像：高座上，曹顶跨马横刀，一手拈须，双目深沉，凝视南方，等待着战鼓擂响，跃马出征。张謇还为此撰写了《重修曹公祠碑》，以教育后人。

1923 年 3 月 29 日至 4 月 1 日，张謇创办的中国影片制造股份有限公司在上海虹口万国影戏院，放映了所拍摄的新闻片，展现了上海工商学各界数万人为反对日本拒绝废除与袁世凯签订的 21 条密约和拒绝归还旅顺、大连而举行的对日外交游行示威的情景，成为振奋民族精神、凝聚民心的一次很有意义的活动。

李德生将军说道：“像许多历史上建功立业的人士一样，爱国主义是张謇成就事业的强大精神原动力。”

马斌

张謇与友情

张謇一生中结交了许多知己朋友，通州的文学家范当世就是其中之一。图为张謇（左二）与范当世（左六）等人的合影

张謇一生结交的朋友很多。由于他为人正直，待人真诚，所以拥有广泛而诚挚的友情。他有情有义、感恩图报，不仅对父母、兄长充满感恩之情，更与老师、同事或者上司、部属等，都结下亦师亦友的亲密关系。

为缅怀安葬在长江对岸常熟虞山的恩师翁同龢，张謇特在南通江边修建“虞楼”

张謇立志以做一个真正有出息的人相报答。他说：“今后如果能乘九万里风，扶摇直上，一定得报答我的生平知己！”对师长的谆谆教诲和求全责备他也是洗耳恭听，并表示道：“心里感觉很不安，如果不能做好学问博得科名，而让老师烦恼担心，即使是木石心肠，怎么能够无动于衷呢？”

张謇与孙云锦结缘，始于“借籍风波”中获得署理通州知州孙云锦的出手相助。后来，孙云锦调往江宁发审局任职，带张謇走出乡间任发审局书记员，不仅在幕僚业务上对张謇加以点拨，而且在生活待遇上给予优俸和逢年过节的赠银，还创造条件让张謇在学业上继续深造，有机会得到钟山、惜阴书院的名师指点。张謇两次随同孙云锦勘察淮河、黄河水文和视察灾情，参与治水，这些对以后张謇的人生价值取向及其事业走向有着重大影响。特别是孙云锦将张謇推荐给了吴长庆，使得一个卑微的青年与将来赏识他的州官之间有了缘分。张謇因此不仅开阔了瞭望外面世界的视野，而且改掉了身上的许多习性。

张謇因为孙云锦的推介而结识了吴长庆，1876年被吴长庆邀入庆军幕中，“治机要文书……月俸二十金。”吴长庆为张謇“筑茅屋五间于后堂，为读书兼治文书之所”。张謇跟随吴长庆驻防山东登州并按照吩咐成为前来投军的袁世凯的诗文写作指导老师。朝鲜发生“壬午兵变”后，张謇协助吴长庆迅速平定了朝鲜内乱，显现了吴长庆所赞许“赴机敏决，运筹帷幄，折冲樽俎

翁同龢像

(zūnzǔ)”的才干，《朝鲜善后六策》更是令人击节赞叹。张謇不仅深受吴长庆器重，而且与吴长庆之子吴葆初成为至交好友。

翁同龢与张謇既是师生，又是挚友。图为1921年张謇在翁同龢墓前留影

由于吴长庆的介绍和优行生会试主考官夏同善的举荐，以及《朝鲜善后六策》的影响，两代帝师翁同龢开始逐渐关注张謇并一心擢（zhuó）拔这位常熟对岸的通州才俊。1885年翁同龢亲自前往参加顺天乡试的张謇寓所看望他，这是翁与张的第一次会面，翁同龢已下定决心帮助张謇了。其后，张謇参加的四次礼部会试，都因阴差阳错而名落孙山，直到恩科会试才使主考官翁同龢抚须而笑。此后，张謇成为翁同龢为首的“清流”阵营的重要成员，两人配合密切，互相唱和。翁同龢被“开缺回籍”后，张謇不避谗言，除差人赠送书籍、食品外，还亲自去常熟探望、劝慰恩师。翁同龢临终前，自拟联语“朝闻道夕死可矣，今而后吾知免夫”，要张謇为他亲笔书写。翁同龢去世后，张

謇十分悲痛，亲自前往吊唁。南通的许多建筑，与其说是建筑，倒不如说是情义之窗、情谊之场，长江边马鞍山上的“虞楼”取名，就是张謇遥望翁同龢墓所在地虞山，追思恩师、不忘师恩之意。

如果说张謇与周家禄、顾延卿、朱明盘、范当世结下的是青年之谊，那么与沈敬夫等就是“纱油诸厂，昔恃一友，今恃一兄”的深厚业缘、实业同道，梅欧阁里与梅兰芳、欧阳予倩就是忘年之情，与特来克、金沧江等就是跨国生死之交。张謇与沈寿为刺绣艺术而结下的旷世之情，更是为人们所津津乐道。他们俩初识于1910年南洋劝业会筹办期间，1911年、1912年再次相见，1914年沈寿应张謇之邀到南通女工传习所担任教习。他们因才学相慕而致灵魂契合，知之最切而理解最深，心有灵犀而纯净无邪，是人世间高山流水、知音知己的美好存照。

马斌

张謇与植树

张绪武先生在《我的祖父张謇》一书中提到，“祖父平生有两项爱好，即‘建筑’和‘植树’。”张謇喜爱树木，充分表达出对大自然生命力的向往，更有“与草木同生，即不与草木同腐”的理念。张謇曾说，树多林多，对空气能起到调节作用，既有利于农事，又有利于美化人们的生活环境，使空气新鲜、风景秀丽。

民国初年，长江流域暴发特大水灾，很多灾民涌到了南京，衣食无着。面对着哀鸿遍野的景象，金陵大学数学教授、加拿大人裴义理（Joseph Bailie）求见当时的民国政府农商总长张謇，提出“招选贫民，开垦荒地，酌给费用，以工代赈，并教以改良农事与园艺之方”的设想，提出用“以工代赈”的方法救济灾民，同时绿化已成为荒山的紫金山。张謇与孙中山及社会名流一起帮助裴义理成立义农会，通过义农会进行植树造林。

张謇根据国内外的经验教训，认为林木业的兴衰与否，不仅关系到农业的水利条件和生态环境，而且还关系到某些工业的原材料供给，“今我国各地大林，采伐殆尽，童山濯濯（zhuó），所在皆是。非独电杆路枕，购自外洋，即民间构造，亦不尽为华产。”为了尽快改变这种状况，1914年11月，张謇主事的农商部，颁布中国有史以来的第一部《森林法》，规划在黄河、长江、珠江上游地区营造“保安林”，目的是为了“预防水患”“涵养水源”，改善“公众卫生”，保护“航行目标”，“利便渔业”“防蔽风砂”等，促进水利的治理和生态环境的改善。此外，还提出对造林者进行奖励，“个人或团体，愿承领官荒山地造林者，得无偿给予之。”“自承领之日起，得免五年以外，三十年以内之租税。”1915年6月颁布的《森林法施行细则》和《造林奖励条例》，更具体地规定了提倡和奖励造林的办法，对造林在200亩至3000亩以上，并成活满5年以上者，分五级给予四等至特等的荣誉奖励。另外还有特别奖励措施：“凡经营特种林业，于国际贸易有重大关系者，或胜造船筑路等各种大工程之用者，农商部认为有补助之必要时，得按其面积株数，核给奖金。”

为支持设立植树节，1915年3月15日，张謇在参加了河海工程专门学校的开学典礼之后，就到紫金山与黄兴等人共同主持了植树活动仪式。这是由裴义理发动组织义农会的一次规模宏大、中外人士广泛参加的赈灾植树活动，得到了张謇的支持，张謇与黄兴及金陵大学校长包文等重要人物都出席了这次活动。1915 年 7 月 21 日，北洋政府正式公布清明节为植树节，自此我国历史上有了第一个植树节。

在南通“一城三镇”的建设中，张謇都提出要求，必须预先按规划布局种树，还要保护好古树。南通到处可见德国槐树和白杨树，狼山等“五山”每年都要扩大植树面积。从长江一眼望向狼山，树木葱葱，满目绿色。晚年，张謇在休闲时，读书、赏花、观树，留下许多诗歌。如《院竹》：“檐下青藤络石柔，砌边新笋觑（qù）空抽。先生最爱扶孤植，放汝干云出一头。”

张謇生前爱树成癖，种树成痴，给通城留下了呼吸畅快的“城市绿肺”。当他选定了身后之地时，就着手绿化，而国外的一些朋友知道张謇爱树，都从国外送来珍贵的树种，这些古树名木大多集中在张謇墓所在的啬园之中。啬园大约有 200 株百年以上的名贵树种，种类主要有杜仲、黄金树、香樟、广玉兰，松柏类有赤松、雪松还有璎珞（yīng luò）柏等，有的树龄已有 160 到 180 年了。

杨海红

张謇与建筑

喜欢建筑，这是张謇自我认定的两大爱好之一。始于小时候父亲要求他们兄弟读书力田，还要“对木石砖瓦，一一度其修短厚薄之尺寸而预计之”。张謇在《述训》中回忆道：“临时必使謇兄弟杂做小工，而于砌墙每层将合时，尤令注意于需砖之度，相其修短厚薄，检以畀（bì）工。”所以对于土木建筑，张謇有一些基本知识。张謇在他兴办的实业、教育、慈善、社会等事业中，都将大量精力投身于建筑的筹划、设计、施工中，以取得更好质量、更美效果和更实用价值。

1903 年，张謇在海门常乐的老宅西边，建了新宅——扶海垞。扶海垞四周都是田地，竹篱外饲养猪羊，河里养鱼养虾。树荫蔽天，菜畦比邻，是村庄的景象，也是一种乡愁中的宜居。张謇在南通的时间多，只有春节、清明等节庆，才回常乐故里，享受几天田园乐趣。

从1895年，张謇在唐家闸地区开始设立大生纱厂起，多在南通居住，但没有固定住所。1915年6月，张謇在濠河南岸营造了自己的住宅，即濠南别业。由学生孙支夏仿慈禧太后的畅观楼所建。北京畅观楼两层，在设计濠南别业时则在底座多加了一层，又在第三层上加了一层暗楼，外面看上去像三层，其实却是四层。它外形自由、色彩强烈、追求动态。青砖墙面简洁大方，白色灰缝均匀美观，朱漆门窗宽敞明亮，红砖砌成的拱形装饰，华丽优雅的柯林斯式柱子，无不体现了英式别墅的浪漫与典雅。同年，张謇举家由海门常乐迁入，当时通州师范学校校长江易园曾作一贺联："有庇人广厦万间，最后乃营五亩；非举国蒸民饱食，先生何暇安居。"这栋建筑作为吸收西方建

为了接待各方贵宾，张謇于1922年在南通城西建造了高级宾馆南通俱乐部

筑艺术的典范已成为南通的地标之一。

张謇曾说，一个人一生应该有三个时期，第三个时期就是 70 岁后再次进入读书阶段。为了这第三个时期，张謇考虑找一个安静的环境，于是就在长江江畔的五山地区修建了别墅等建筑群。这些建筑有的傍山，有的临水。1916 年在狼山北麓他修建了林溪精舍，山水环抱，林木相依。“精舍”二字原为佛家术语，“为精行者所居，故曰精舍。”林溪精舍在香炉峰下，与观音禅院相邻，是狼山北麓园中的一幢别墅式建筑。张謇在《狼山观音院后记》中说:“复于院右扩地周垣，浚溪泞流，依岩就树，特筑精庐，以待善知识之长老居士，以维院于久久不坏。”张謇晚年自称居士，长在此流连忘返。门上贴有“啬庵居士习静之所”的字条，以示其静修之心。张謇的许多文友相聚在这里以诗唱和，他自己以“林溪精舍”为题的诗作达数十首之多，如《与梅郎至林溪精舍观所题前赠之小象》等。林溪精舍还有另外一个用途，就是可供张謇与家人前来避暑。张謇在西邻观音院内建三层殿阁“赵绘沈绣之楼”，内放赵孟頫（fǔ）画、沈寿绣的观音像若干。

张謇在军山脚下建东奥山庄家庙，在山顶建南通气象台。在黄泥山北麓建靠江最近、风景最幽雅的西山村庐。在马鞍山南建思念翁同龢的虞楼，山上建“我马楼”，楼上有岑台，北观通城，南望江涛。

在“一城三镇”的构建中，五山对应着五公园。张謇在西濠河两岸构建东南西北中五座公园，清远楼、水西亭、与众堂、回碧楼等亭台楼阁遍布公园，其中戒旦堂是专供妇女游园集会休息的地方；千龄观是为张謇三哥张詧 70 岁生日时，邀请 100 多位 60 岁以上老人参加宴席所建。为了解决唐闸企业的工人业余生活，张謇在 1913 年建唐闸公园，是当时南通最大最早的公园。

张謇喜爱的“建筑”，还有南通博物苑（南馆、中馆、北馆）、江苏省议会大厦、南通商会、南通俱乐部等。

杨海红

张謇与博物

一座博物馆，可以记录一个地方的兴衰变迁，传承一个民族的文化基因，也可以见证文明的复兴崛起。好比北京有故宫博物院，巴黎有罗浮宫，伦敦有大英博物馆，等等。对于一个城市来说，拥有博物馆，不仅是多了一项文旅产业，更是拥有了一笔宝贵的精神

远眺南通博物苑

财富。

而在南通，光绪三十一年（1905 年）博物苑就宣告成立。南通博物苑是有宗旨、有规划、有目标、有步骤而建成的中国人创办的第一座公共博物馆。在博物苑创建之初，张謇就定下了建苑宗旨：第一，“设为庠序学校以教，多识鸟兽草木之名。”申明博物馆是一所特殊的学校，人们来这里可以学到丰富的知识；第二，“能消忙事为闲事，不薄今人厚古人。”告诉人们博物苑是要让来者感受到美和趣味的。这为博物苑的建设与发展划定了明确的方位。

张謇题写的南通博物苑对联

张謇自任博物苑总理，聘请学生孙钺（yuè）担任主任，管理苑内日常事务。建设的主要资金来自张謇的捐资，从 1905 年至 1914 年的十年间共花费 48 760.868 元。此项开销仅限于员工劳务费和基础建设费，没有包括文物藏品的征集费。博物苑在一片荒冢（zhǒng）上建设，“购并地二十九家，凡三十五亩有奇。”“移荒冢三千余座。”南馆和中馆最早建成。

1907年向全国公开发布《征集通属先辈诗文书画及所藏金石古器启》，将征集品物、收藏范围一一说明，并通过传单、单册的邮递和分送进行宣传，开启中国近代博物馆向社会公开征集藏品先河。博物苑在室外种植植物，然后再布置展馆。最早饲养的动物是两只白鹤和一只娃娃鱼。“北馆”于宣统三年建成。1912年为开放管理需要，颁布《博物苑观览简章》，包括预约制度、票证凭单和参观次序、观众管理等内容，是博物馆最早的管理章程，参观

南通博物苑南馆

南通博物苑中馆

南通博物苑北馆

门券也是我国最早的博物馆参观券，被收藏界视为“门券之祖”。

博物苑整体分布成方形，建筑物呈“工”字形布局。南边一排建筑以兽类为主，北边一排以禽类为主，三座主要展馆连成一线，分别为南馆、中馆和北馆。主要景观建筑有相禽阁、迟虚亭、藤东水榭和谦亭、水禽罧（shēn）、花竹平安馆、荷花池、水塔、风车等，建筑上还有张謇亲笔题就的联语、匾额。

博物苑建成以后，成为通州师范学生上课的实验之地，也成为市民吸取知识和开阔视野的重要场所。1915 年至 1926 年，博物苑的建设成就通过报刊、游记以及人们的口口相传，在社会上广为传播，名声远扬。1917 年钱公溥考察江苏教务来到博物苑，由衷称赞道：“是院也，精神所萃，故能美富若是。”1920 年由张謇、黄炎培等人发起的江苏省自治组织“苏社”在南通成立，与会社员和来宾 120 余人在博物苑集体游园。1920 年德国汉堡大学教授颜复礼博士听说南通博物苑收藏有中国古代文物，从德国专程来访。1922 年 8 月中国科学社在南通召开第七次年会，梁启超、丁文江、竺可桢等与会嘉宾游园参观。著名京剧表演艺术家梅兰芳三次来通演出，张謇两次亲自陪同他以及其他艺术家参观博物苑并进行解说，传为美谈。

如今，南通博物苑已经成为南通一张重要的文化名片。每逢博物苑张謇故居门前的紫藤花开，很多市民和游客都会慕名前往观赏、拍照“打卡”。自 1905 年创办至今，它已历经百年，但它始终保持着活力，凭借着它的绰约风姿和深厚底蕴，不断地给居住和来往于这座城市的人带来不一样的精神盛宴和文化体验。

南通博物苑的创办奠定了南通“文博之乡”的地位。如今，博物馆在濠河周边不断涌现，如南通纺织博物馆、中国珠算博物馆、中国审计博物馆、中华慈善博物馆、南通风筝博物馆等。2019 年一家帽饰类主题博物馆在南通诞生，每一顶帽饰其实也都承载着一种文化。博物馆正通过发挥自身的独特作用，助力传统文化的延续。

孙建华

张謇与旅游

张謇的旅游经历不胜枚举，他日记里就有他从 20 多岁到 70 多岁无数次游历的记载，就在他逝世前的几个月里，仍然还有“同游东奥山庄”“约客我马楼观烧”“端午饷客泛舟”等许多日记。张謇自年轻的时候就喜欢旅游，时常相约外出览胜。1874 年农历正月，张謇与范当世游览狼山，同年农历二月，张謇去通州金沙扫墓后，来到观音山欣赏夜色，赞叹夜景好美。张謇还与数名好友同游驰名江南的南京栖霞山，虽然山势陡峭，但奇峰美景还是让一群风华正茂的年轻人欣喜若狂。

张謇在他的《日记》里，除了描绘他所到地方的山川景色外，还详细地记载了他行程的艰难险阻，游程中既有险象环生，又有盎然趣味。当然，并不是每次出游都能令人心旷神怡，也有使人感伤和懊恼的。张謇 23 岁时，因思念父兄，旅途上难免怅然若失，而由于当时交通工具的落后及风雨交加所带来的旅行不便，也让人无奈和苦恼。

张謇出游时间最长的一次旅行，应该算得上远赴日本的“东游考察”。张謇于1903年的4月27日晨七时登上日本邮船“博爱丸”东行。一踏上长崎的码头，张謇顾不上欣赏岛国风光，就寻访学校和工厂，经过马关、神户、大阪、西京、名古屋、东京、横滨、青森、函馆、室兰、札幌等20多个大小城市，参观了京都染织学校等35处教育机构和札幌垦殖场、织物株式会社、日本造币局等30多个农工商单位，8次进入大阪博览会场，游览了机械馆、工业馆、水产馆、动物馆、通运馆、水族馆、参考馆等。张謇每到一个地方，坚持每看必问，每问必记，每记必思，分析和思考哪些可以为我所用。到六月初四回国，张謇共进行了为期70天的考察游历，并将访问期间的日记编辑付印，题为《东游日记》。

张謇的出游，并不是简单的游山玩水，而是在欣赏山水风景的同时伴着读书、访友、茶叙、作诗、题字，确实是真正的文化之旅。1901年张謇抵达常熟拜访老师翁同龢，与友人同游福山并等候渡江，临行前与翁同龢为缩景碧玉十三行画册题诗，洋溢着师生之谊、山河之情和文人之韵，可谓心有灵犀。旅途的车船上、客栈里，都是张謇读书写诗的好地方。张謇不但喜欢旅游，而且将旅游观光与事业考察结合起来，与南通的城市建设和经营结合起来，因而构建了近代意义上的南通旅游文化。

张謇十分注重城市基础设施、旅游环境建设。张謇对南通“一城三镇”的总体布局，就是将濠河环绕、树木茂盛的古城区建设成为政治、文化、教育中心，将运河穿行而过的唐闸镇建成工业区，将长江岸边的天生港镇建成港口区，将山水相映的狼山镇建成天然风景休假区。值得一提的是，张謇特别重视公园的修建，以作为民众休闲观光的最佳去处。除了城市交通运输设施、商业金融设施、医疗卫生设施和体育运动设施、旅游观光设施、公安消防设施以外，张謇还特别注重城市文化建设，增添了城市的文化底蕴，使得附丽于城市文化建设的旅游基础设施有了亮丽的文化色彩。张謇希望通过地方自治的各项措施，以建立安居乐业、民风淳朴勤勉的“新世界”，展现于国内外游人面前。民俗民风的改善，使南通成为吸引游人前来览胜的重要原因。南通不仅是名人学者争相参观考察之地，更使一批批中外普通造访者游兴大增，以至于张謇在上海《申报》上刊登启事，要求前来参观者预约，以便能够安排接待和食宿。

马斌

张謇与外才

张謇爱才、惜才、用才。他曾积极聘请外国专家和技术人员到企业进行规划、设计和技术指导，到学校任教、讲学和辅导，同时还派人出国留学或考察，组织专人搜集和翻译国外科技资料，洋为中用。

第一次世界大战期间，张謇得知因中国对德宣战而在德侨中有不少人才将回国时，便立即予以挽留，其中有的担任了学校教师，有的担任了工厂的技师及顾问等。在南通进行电气化设计的高翕（xī）就是其中之一。张謇提出了"聘用西人"的主张。他创办的大生纱厂就聘用了英国汤姆斯、忒纳和玛特等工程技术人员为工厂安装机器；他经营的同仁泰公司聘用日本的盐工技师，采用东法生产的精制盐盐色洁白，余味含甜，品质精绝，曾经在意大利的万国博览会上获得优等奖；在水利方面，他聘用荷兰水利专家奈格、贝龙猛、特来克，瑞典施美德、英国葛雷夫、比利时平爵内；在医学方面，聘用德国医学博士夏德门到医科学校和南通医院授课，并施行外科手术；在勘探铁矿方面聘用法国梭尔格博士、瑞典安特森博士。张謇称之为“借才异域”。

19世纪末20世纪初，南通长江江岸遭江潮冲刷，坍塌严重。为了确保港口岸线的坚固，张謇不惜重金聘用了英国、美国、德国、荷兰、瑞典等外国专家开展筑堤保坍工程。荷兰水利专家特来克被聘任为南通保坍会工程师，勤苦耐劳。1919年他因督工遥望港九孔大闸不幸感染时疫而逝世。张謇将其安葬于南通剑山南麓，亲自为其撰写墓表并镌石以为纪念。1923年张謇之子张孝若出国考察时，张謇又亲自写信带至荷兰，慰问特来克的母亲。金沧江（金泽荣），是韩国近代杰出的历史学家、爱国诗人，1905年来到中国避难。张謇看中他的才学聘为翰墨林印书局督校。金沧江在南通度过了他人生的最后22年岁月。在这期间，金沧江先后编著、出版了各类史籍及文学书籍32部350余卷，最著名的代表作有《韩国历代小史》《韩史綮(qǐ)》《韶濩（hù）堂集》等，在中国和韩国都产生了巨大的影响。

张謇不但直接聘用外国专家和技术人员，还聘用外国教员来培养更多的本国人才。1902年，张謇创办通州师范的第二年，聘请日本村忠治郎、西虎谷二等 7 人到学校任教，之后又邀请美国著名哲学家杜威到通州讲学。南通师范学校附设土木工科，专聘日本工程师分科教授，后来该校就有 40 人毕业于该学科，1911 年测量淮河时即赖此毕业生为之服务。1912 年，张謇为培养纺织工业技术人才，在唐闸大生纱厂之侧创办纺织染传习所，聘美国留学生黄秉琪为教授。

张謇对于有用之才，给予充分的礼遇，不惜重金聘请。明确提出："教员务求厚俸，供给务求丰旨。"他还向学部提议，在教师中擢（zhuó）优提拔重用，并奖励长期坚持从事教育工作的教员。张謇对重金聘用来的外国技术人员，在工作上委以重任，而生活上则关怀备至，高薪之外，有的还特地为之建筑洋楼，使其有较为舒适的居住条件。大生纱厂多依赖外国技术人员，对当时聘请的英国工程师汤姆斯和技工忒纳，张謇还特地为他们建造了一座洋楼，请了西餐厨师。英国工程师汤姆斯个人的月薪就相当于普通工人的 200 倍。1903 年张謇东渡日本考察访求各类人才，还选聘了几位高级人才到南通厂校，委以重任。

张謇认为引进人才要审时所当。坚持"征之实事"的态度，"要当酌准地方情形，弃瑕录瑜。"，既不随人脚跟亦不仰人鼻息。张謇对受聘的洋人有很高的素质要求，对不合要求者就予以解聘。他说：“若夫不胜任，不规则教员，愿诸友互相检察，去其害群。”对外籍人士同样采取“优胜劣汰”的做法。

黄鹤群

张謇与绣谱

刺绣艺术家沈寿像

张謇与刺绣艺术大师沈寿合作，由沈寿口授、张謇记录撰写而共同创作的绣谱，定名为《雪宧（yí）绣谱》。沈寿，江苏吴县人，清农工商部绣工科总教习、南洋劝业会绣品审查官、南通女工传习所所长、绣织局局长，名雪芝，号雪宧。十四五岁时即绣艺出众，1904 年慈禧太后七十寿辰时因绣品《人仙上寿图》而获慈禧盛赞并赐“寿”字，沈雪芝遂改名为沈寿。

1914 年，沈寿应张謇之邀来到南通，担任女工传习所所长及教习，上任后潜心管理、精心教学，循循善诱、诲人不倦，自己利用业余时间创作了《耶稣像》，荣获 1915 年巴拿马世博会金奖。沈寿敬业勤苦，为传习所事务及绣艺传授呕心沥血，原本就有些体质虚弱，加上辛劳与纷扰，使得她心力交瘁，“肝郁症”时常复发，到 1919 年时病情加重，张謇将博物苑谦亭借给沈寿调养身体，又延请名医如皋沙元炳进行诊

为弘扬中国刺绣艺术，鼓励女子就业，张謇于1914年创设女工传习所，聘刺绣艺术家沈寿任所长。图为濠河北岸的女工传习所

治。张謇认为，沈寿的刺绣技艺“精绝为世所未有”，惜友、惜才、惜艺，因而对沈寿的照顾可谓无微不至，为救治其沉疴宿疾亦是竭尽全力。为避免人亡技绝，趁沈寿身体尚可时将技法一一记录下来，以传后人，这是他俩的共同想法。就这样，沈寿边说、张謇边记，张謇边问、沈寿边答。张謇虽文字功底深厚，但不懂绣艺，要将刺绣精髓用文字准确呈现；沈寿绣艺高超，但要说得明白，让张謇听懂并精准表达，都是不太容易做到的。“日或一二条，或二三日而竟一条。”“且复问，且加审，且易稿，如是者再三。”“积数月而成此谱。”“无一字不自謇出，实无一语不自寿出也。”好在他们俩心领神会、心有灵犀，几个月后终于完成，1918年11月撰成绣谱。写成后再逐条核对，反复修改，

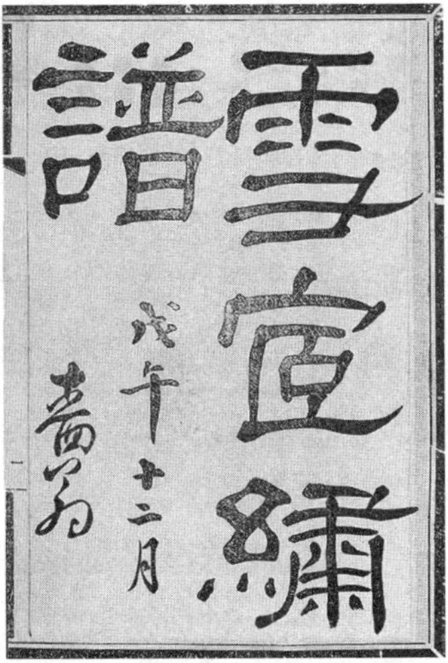

由沈寿口述、张謇笔录整理的《雪宧绣谱》，张謇题写书名

最后定名为《雪宧绣谱》。1919 年由翰墨林印书局出版了这本《雪宧绣谱》。

《雪宧绣谱》全书分绣备、绣引、针法、绣要、绣品、绣得、绣节、绣通，从 8 个方面全面地阐述了刺绣艺术制作过程、针法、注意事项、用针技艺、用色、用线的特点以及仿真绣的艺术特色。沈寿三十多年的刺绣技艺，通过状元的一字一句，用通俗易懂的语言表达出来，但凡识些字的人就能看懂绣谱的内容，这本绣谱便于绣工学习理解。年过花甲的张謇以状元之才之尊对一般人不屑一顾的“雕虫小技”如此尽心，花几个月时间完成，这是前无古人的创举，填补了中国刺绣艺术工艺理论著作的空白，为后人学习研究刺绣技艺提供了珍贵资料。

特别值得一提的是，张謇不仅将前人的刺绣工艺针法进行了归类总结，同时又把沈寿所创从日本引进的新针法“虚针”“肉入针”做了重点的介绍，并论述了沈寿的艺术观以及她独创的仿真绣。在“绣要”中提出的“求光”，就是刺绣的阴阳面的处理；“肖神”就是创作的作品要传神；“妙用”就是坚持美学法则，在创作上既要注意“有定”“有常”遵循一定的规律，又要做到“无定”“无常”，“以新意运旧法”达到出神入化的妙境；“缜性”就是在创作作品时要细心收拾大胆创作。这些精辟论述，对提高绣工艺术具有切实指导作用。

《雪宧绣谱》是张謇对沈寿毕生艺术实践经验的总结提炼，对刺绣实践、理论、教学都有不可多得的指导价值，称得上是传播刺绣技艺、培养刺绣人才的优秀教科书。《雪宧绣谱》定稿后，张謇还请人将该书翻译成英文出版并在国外发行，书名为《中国刺绣术》，把中国刺绣艺术推向了国际市场。1921 年这位 1874 年出生的江南才女因病去世，红颜薄命，张謇为这位难得的人生挚友、红颜知己举行了公祭仪式，亲致悼词，按沈寿的遗嘱将她葬于黄泥山，墓门上题写：“世界美术家吴县沈女士之墓阙”。

张蕾

张謇与赠扇

张謇与梅兰芳合影

1914 年的金秋十月，年逾花甲的张謇在北京的文明茶园观看了二十刚出头的梅兰芳挂头牌的红楼戏《黛玉葬花》，京城梁启超、熊希龄等名流也一同观赏。

帷幕拉开，只见梅兰芳扮演的林黛玉，踩着鼓点踏着碎步，左手提篮，右手提锄，款款而来，顿时倾倒全场观众，来了个碰头彩。接着的大段唱腔，梅兰芳载歌载舞的表演，恰如海棠初绽，又似轻风拂柳，再现了弱不禁风的林妹妹的千般怨恨万般愁肠，张謇跟着大家报以热烈的掌声。散戏后，梁启超提议："走，会会梅老板去！"张謇兴致勃勃地跟着走去。这时梅兰芳已还了男儿身，一身深色的西装，鼻梁上架了副金丝眼镜，风度翩翩，帅哥一个，与戏台上的林妹妹，判若两人。众人一看，眼前一亮。梅兰芳毫无名角派头，拱手致礼，敬请各位多提宝贵意见。

张謇上前，真心实意地说道："看了梅先生您的

《黛玉葬花》，总体还可以，确实将林黛玉演活了，尤其是您的舞蹈，可以说是婀娜绰约，丰姿秀美。”但他话锋一转，继续说道：“但在台词方面，有值得推敲之处。比如，黛玉看了《西厢记》后，宝玉问她感受如何？她接口说‘有趣’，依我之见，这不符合黛玉之身份。这样显得黛玉轻佻粗俗，如改成含而不露，只是微微一笑，必然无声胜有声。观众也能看得懂，剧情更加趣妙，不知说得对否？”

梅兰芳一听，点头称好，他恭敬地对张謇说道：“想不到张先生对戏剧如此精通，而且能对后辈提出中肯的意见，我梅畹（wǎn）华（梅兰芳的字）今天算是找到了知音。今天太晚了，改日我一定做东请各位吃饭，能否给我一个薄面？张先生这个师傅我是拜定了！如蒙不弃，请师傅常到敝府走走。”

张謇非常高兴，慨然说道：“一定一定！今天不甚方便，只有一柄扇子相赠，聊表心意。”他把手中一把坠有翡翠的折扇，送给了梅兰芳。梅兰芳喜滋滋地接过扇子，梁启超在一旁敲起了边鼓：“有扇无诗枉然也！”大伙也催状元公在扇上题诗。张謇爽快答应，接过戏院老板送来的文房四宝，铺开扇子，泼墨挥毫，一首七律《观梅郎戏因赠》，跃然扇面：

京师乐籍噪青衫，
家世同光溯至咸。
歌彻碧箫莺欲哑，
舞回红缓凤教衔。
千人笑得都成趣，
一艺传名信不凡。
已幸品题归士类，
姓名应付五云菡。

梅兰芳恭恭敬敬地收下了张謇的赠扇，道谢，也收下了张謇的一片真诚之心。一对相差 41 岁的忘年之交，从题扇赠扇到信函频繁往来、互致问候，到更俗剧场登台献演，成为梨园内外的一段佳话。

张垣

张謇与梅郎

梅郎者，京剧名伶梅兰芳是也。

说起郎，古装戏中只有佳人称才子为郎，而古代对有作为有影响的年轻男子也有称郎的传统，苏东坡《赤壁怀古》中对 24 岁的吴国将军周瑜即称为周郎。1914 年第一次观看梅兰芳领衔的《黛玉葬花》后，张謇就写了《观梅郎戏因赠》，这是对小他 41 岁的梅兰芳的昵称。

张謇首请梅郎是在 1919 年。作为京剧迷，张謇觉得京剧的传承和创新以师傅口传身教还不够，于是筹资开办费 2 万元、年费 1.2 万元，聘请从日本留学归来的戏剧大师欧阳予倩为主任，创办了南通伶工学社。除了传统的京昆班外，欧阳予倩还设置了舞蹈班、军乐班和西乐班，废止了旧科班的体罚，取而代之的是科学的新式教育，伶工学社成为近代中国第一所戏剧学社。与此同时，张謇紧锣密鼓地在桃坞路建造了可与上海新舞

张謇与梅兰芳等在伶工学社合影

台和天蟾舞台相媲美的新式剧场，取移风易俗、整肃风气之意，定名为“更俗剧场”。

为了庆贺剧场的落成，张謇特邀梅兰芳来通献艺。这天，码头上张灯结彩，鼓乐喧天，伶工学社的铜管乐队在欧阳予倩的指挥下，高奏迎宾曲。南通师范的学生们挥动彩旗和花束，欢迎梅兰芳大师的到来。张謇带着刚刚留学归来的儿子张孝若上前，热情欢迎梅郎光临南通。张謇手指欢迎队伍诙谐说道：“这可是他们自发来的，这叫望梅止渴，你若来晚几天，说不定大家都要渴死了！”在场的人禁不住哈哈大笑。

张謇设宴为梅郎接风，并致祝酒词：“今天是更俗剧场落成的日子，也是通城民众大喜的日子。今能请到梅兰芳先生莅通演出，实在是南通民众有福。梅欧二位先生乃当今梨园翘楚，今日伶界盛会，齐聚小城，可谓千古佳话……虽流派不同，但各有千秋，一个是炉火纯青，一个是登峰造极，使老夫敬羡不已。今在剧场特辟一室，叫作梅欧阁，以纪念二位对戏曲

伶工学社学员排练舞蹈

艺术所做出的贡献。”说完，张謇走到大厅中央，亲自为梅欧阁匾揭开红绸，顿为酒宴增辉添彩。梅欧二人起先皆不知此事，谦虚地说不敢专享此匾荣誉，此时张孝若站起来说；“我看二位不必客气，此匾乃家父对二位鞭策激励之意，常言道，山外有山楼外楼，更有高山在前头。艺海无边，艺无止境。此乃家父的一片苦心，就请二位领了吧！”梅欧拱手表示感谢。于是“梅欧阁”匾高挂大厅。此时，在旁的朝鲜诗人金沧江提议道：“此阁虽好，尚缺一物，最好请张状元当场撰联，那就相得益彰啦！”张謇含笑答应，于是挥毫泼墨，一副楹联跃然眼前，众人琅琅齐读：

南派北派汇通处，宛陵庐陵今古人。

读联容易释联难，有人不解，“这副楹联是什么意思？”金沧江虽是朝鲜人，但汉学造诣深，又是张謇的知心朋友，他引经据典解释道：“上联很好懂，无须解释。下联说的是宋代有两位大诗人梅尧臣与欧阳修，籍贯分别是宛陵与庐陵，他们虽然在文坛上都有很高的声誉，然而并不轻视对方，而是相互学习，切磋学问，取长补短，成为中国诗坛上的千古佳话。今日梅公子与欧阳先生恰与二人同姓，下联正好暗切他们的姓氏。张先生今天的意思挺明白，就是要二位摒弃门户之见、派别之争，学习古人，在艺术上取得更大的成就。”

这天晚上，梅欧联袂（mèi）献艺，更俗剧场熠熠生辉。连演十天，梅派《玉堂春》《佳期》《拷红》《思凡》《木兰从军》《千金一笑》《贵妃醉酒》《天女散花》，欧氏戏《宝蟾送酒》《晴雯补裘》《玉润珠圆》。时值隆冬，张謇每戏必看，看后赋诗数首，交翰墨林印书局印成彩笺，第二天剧场开场前发放观众、分送梅欧。梅兰芳一行，在演艺间隙，游览了名胜，参观了工厂、学校、慈善机构和文化设施。临别前，状元设宴欢送梅郎，梅兰芳即兴吟《呈啬公》诗答谢：

积慕来登君子堂，花迎竹护当还乡。

老人故自吟年少，独愧唐朝李八郎。

张状元即席回吟：

梅郎旷绝五年别，来晤啬公十天期。

县人传说若异事，郎日一曲翁一诗。

大家拍手称绝，希望梅兰芳再吟一首，梅郎拗不过大家，又吟一首：

人生难得是知己，烂贱黄金何足奇。

毕竟南通不虚到，归装压满啬公诗。

在一片热烈掌声中，张謇深情吟诵：

昨日来时江有风，今朝归去日融融。

天意为郎除恐怖，明年欢喜到南通。

张謇说话算数，第二年又邀梅郎来通献艺，1922 年张謇七十寿辰，梅郎再次来通唱戏庆生，献上《麻姑献寿》等精彩节目，再次轰动南通。

张垣

张謇与日记

《张謇日记》是研究张謇辉煌一生的重要资料。现在存世的日记从 1873 年 9 月起至 1926 年 5 月止，内容极为丰富。有记读书写作所得，记朋友交际所遇，记朝野社会大事，包罗万象，意蕴深远。日记以行楷书写，字体工整隽秀，其间伴有修订增删，也绝不草率。

张謇从十几岁读书时，就开始练习作日记，他曾对塾师说："我十几岁时文章尚有不能达意之病。就西亭宋先生家读书后，先生命每日记，笔墨才渐进步。文章要通顺，不外多读多写。孩子所腹俭，哪有许多题目可做，只有日记包罗万象，不拘一格，是练笔墨顶好的方法。"记日记成为张謇一生的习惯。从《张謇日记》中，我们可以体会张謇的日常个人生活，颇有趣味，也非常具有考证意义。

其中，《东游日记》最能体现张謇作为教育家和实业家的情怀和担当。张謇 1903 年农历四月二十五

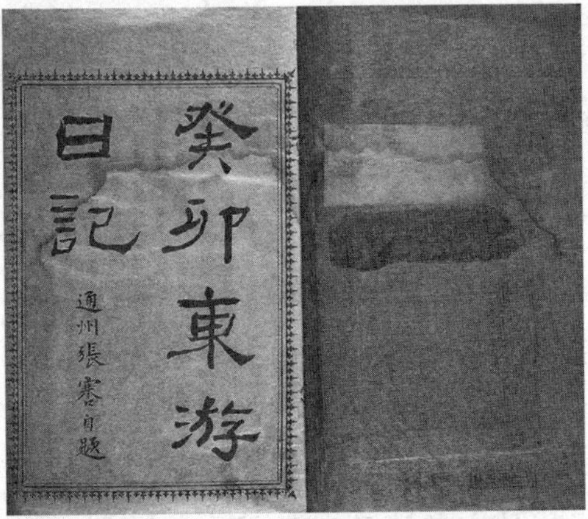

1903年，张謇东渡日本，写下了内容详实的《东游日记》

启程至六月初六在日本的长崎、东京、青森、札幌等地考察了教育、工业和农业状况。为期70天的考察，在出发之前，张謇就定下考察的次序："先幼稚园，次寻常高等小学，次中学，次高等，徐及工厂。"这样就可以全面了解日本的教育和工业。从日记中可以得知，张謇考察过程除去路途所需时间以及治牙齿、镶牙和拜访友人的时间，他的足迹遍布九州长崎到北方北海道，沿途详细考察了当时日本的教育和产业的情况。他参观考察的主要单位和场所有：町村小学校、伊良林小学校、水族馆、博览会、朝日新闻社、大阪市小学校、玻璃厂、泉布（钱币）、第一高等小学校、桃山女子师范学校、附属幼儿园、裁缝室、博览会农林馆和水族馆、动物馆、中之岛高等工业学校及医学校、造币局、水源局和大阪府立师范学校、博览会机械馆、工业馆、通运馆、水产馆及电气光学馆、织物株式会社、鹤桥村农学校、三十四银行、水力发电站和染织学校、三所商业学校、造币工场、筑地活版制造所、弘文学院及私立寻常小学校、北海道农学校、种育场、公立单级小学校、前田牧牛场、高等师范学校、农学校博物馆、高等工业学校、理科大学之植物园、凿井、盐釜、盐田、盐业调查所等。频繁考察60多个单位和项目，平均一天要考察一至两个单位。在考察过程中，张謇十分注重了解具体真实情况。一次在考察途中，“道经一寻常小学校”，即“下车观焉”，而且还“观单级小学校授业”，即课堂听课。其次，张謇不仅耳听、手记、笔录，既用耳，又用手，更用脑，不时向对方提出问题请教。每天考察结束后，一定会根据当天的记录，整理成日记。整个考察期间，从不大吃大喝和游山玩水，与友人小聚都是自费。他把参观日程排得很满，可谓争分夺秒，每个场所都细致考察，充分了解当时日本教育、工业、农业的真实面貌。张謇考察后得出结论：国家各行各业的发展，如果要排序的话，教育是第一位的，工业第二，军事第三，农业第四，商业最末。归国时，张謇并没有给自己买什么高档奢侈品，而是专门去博览会购买这些礼物，“拟购大犁、中犁、小犁及耙土、播种、割麦、脱粒、薙草、翻草器各一具；工具中拟购织布、缫丝、织绸、织席、绹绳、吸水、精米、造烛器各一具。”此外他还为通州师范学校聘请了几位日本教员，为幼稚园聘请了经过专门训练、经验丰富的保育员。张謇回国后，将自己在日本考察期间的日记进行编辑，题为《东游日记》，并付印成册。

日记在张謇一生中占有很重的分量。直到他感染风寒为止，因病无力再拿起那支生花妙笔。

张莉

张謇与诗词

张謇从13岁开始就学作五言、七言诗，并学写试帖诗，从二韵开始至六韵。试帖诗是科举考试的一种文体，多为五言六韵或八韵排律。张謇14岁已经能作八韵诗；21岁读姚鼐（nài）的《姬传诗集》和《姬传古今诗钞》；22岁跟从李联琇先生“闻治经、读史、为诗文之法”，读韩愈的《昌黎诗文集》。此后一直到30岁，张謇都在学诗、谈诗、论诗。这段时间，张謇博览诸家，徜徉诗海，读过苏轼、李商隐、柳宗元、韩琦、曾巩、王安石、白居易、皮日休和陆龟蒙等诗人的诗作，读过《诗经》《离骚》，多次与师友谈诗说艺。

在张謇早年参加科考的时候，阅卷老师往往有批语，对他的诗评价都很高，如“诗挺拔”“诗佳”“诗有独立苍茫之概”“诗风力遒上”“诗典重”“诗亦庄雅亦浑脱”“诗一气呵成”“诗蕴藉风流”“诗浑脱浏亮”等，赞誉有加。

张謇主张“诗言事”，又认为“善为诗者，必有余于诗之外”，即所谓功夫在诗外。随着事业的发展、阅历的增加，张謇的诗越写越得心应手，晚年则人与诗都显老到。他的两千余首诗作，大体上可分为四类：一为纪事，如《清河至赣榆道中十首》《日本伊藤博文复代桂太郎入内阁》；二为咏物，如《金鱼歌》《白兰花》；三为赠和，如《赠日本藤泽南岳翁》《星南以长诗谢鲥鱼之饷奉和》；四为哀挽，如《薛烈妇哀词》《德宗景皇帝挽词》。因长期浸淫于诗道，即便在睡梦之中也常有诗作伴。一次张謇在梦中有题陶然亭诗，醒来只记得四句，然后再补成七律；一次梦中有题千五百梅花馆诗，当时此馆还在计划之中，梦中之馆已经完工，并有诗，可是醒来只记得两句，又补成一五律。还有一次，梦中有女子朗诵一诗：“不到桥边不见花，因花为屋是儿家。君如著意来寻访，新柳门前有乳鸦。”张謇醒后对答，可惜“不复得此女子听之矣”：“竟使千林尽作花，花中难卜可儿家。商量更欲寻青鸟，满树流莺满树鸦。”这是何等有趣的事。

张謇诗弟子众多，其中特别赏识袁樊，他还把自己晚年的诗文手稿册赠送给袁樊收存。2014 年南通博物苑花费巨资终于将这本诗文稿拍得，后影印出版为《笔阵文心——张謇诗文墨稿》。青浦年轻诗人沈瘦东《瓶粟斋诗话》，载有张謇与他谈诗的许多书信，张謇指点年轻人如何读诗、品诗、写诗，很有见地，信中说道："仆于诗，特性好之。读古人诗，必反复咏诵，使窥识其意之所在、趣之所至而止。""步韵之难，在其意有后先、主客之不同。""诗可拙而不可俚，可朴而不可鄙，可剪裁而不可堆砌。"张謇也教儿子作诗。张孝若 12 岁的时候登塔，即赋诗说道："凭栏词客招新月，隔岸渔翁唱晚烟。"张謇听后非常高兴，并作诗加以称赞："阿翁十二始为诗，今汝追翁欲及之。愿汝立身求学问，要如登塔最高时。"为鼓励孩子写诗，张謇又请郑孝胥将诗书写在扇面上作为奖励，扇子背面张謇又题诗一首。

词的别称为诗余，张謇较少写词，在他为《彀（gòu）园诗余》题词的时候，说到原因是"性不近"，说白了就是不喜欢。张謇仅存的几首词中有"忽爱学填词，苦侬非本师"的感慨。在 73 岁的那一年，张謇因看明代王世贞的词集，又动过一回学词的念头，在他一首《如梦令》的序言中称"诗词意境不同，构造亦别。以非所近，故亦不为。九月十二日，竟夜月色大清，戏为小令"。

张謇佚诗偶尔也能见到，如在王世襄先生旧藏中，就有张謇所书团扇一页，其文字就是光绪十二年（1886年）张謇的自作诗《留别勖臧吾兄呈忍盦（ān）先生兼怀伯纪大同》，这是《张謇全集》未能收录的遗珍。

徐俊杰

张謇与对联

对联的基础对课，俗话称作对对子，是旧时私塾中的一种日常功课，讲究“属对森严，造语雅健”。当年会对对子只是平常事，但是能对好并不容易，能不能对出高超的意境，更能看出一个人的胸怀和抱负。张謇（当时用着吴起元的名号）是从 11 岁开始学习属对，一开始连基本的平仄也不了解，但是总能对得很大气。一次，张謇用“日悬天上”对先生的“月沉水底”，父亲张彭年知道后觉得孩子将来有望成器，就把先生请到家里施教。这个对子虽然不谐平仄，但却开启了张謇的真正读书之路。

很多人知道张謇，是从他的一个对句故事开始的。这个故事记录在张謇的《啬翁自订年谱》中。张謇 12 岁的一天，父亲张彭年来私塾，先生宋蓬山可能想展示一下教学成果，当时正好有一武弁骑马经过门外，遂即兴以“人骑白马门前过”命对，张謇应曰“我踏金鳌海上来”。先生固然大喜，张彭年当然更是高兴，回去就急忙告诉孩子母亲。还是母亲比较冷静，说："儿子固然可喜，但是不要过分称赞他，将来能不能成才还不知道呢。"

张謇日记中，有一段关于属对的记录堪称经典。光绪八年（1882 年）的一天，张謇作为幕僚在朝鲜与吏部参判金昌熙（石菱）交谈畅叙。石菱虽然姓金，但分不清金属品类，张謇便开玩笑以"论金不辨青黄赤"让他对。黄即黄金，而青金为铅、赤金为铜。石菱大喜认为非常切合，就请张謇自己对，把完整的对联送给他。因石菱出使过中国，张謇就以"观乐能知雅颂风"为对，石菱更是高兴了，问还能对吗？张謇娓娓道来："标卷平分甲丙乙""贡赋犹区下上中""闻乐徐参肉竹丝""品酒能分碧白红"。其属对功夫可见一斑，真是了得。

会对对子，自然也就会自撰对联。作为一种独立的应用文体，对联在题赠贺挽的日常交往中发挥着重要的作用。张謇从 20 多岁起就已经是高水平的对联作家，除了自己撰联，还经常受邀替别人代撰联文，在他的日记中有大量的相关记录。以挽联为例，1878 年乌鲁木齐都统英翰去世，张謇花了一天工夫，代吴长庆、束纶各撰书挽联三副，而且都是长联，六副对联总计近三百字；1884 年吴长庆去世，张謇更代人作挽联多达八副；1925 年孙中山去世，张謇一口气撰写五副挽联，除自己以外，分别代张詧、张孝若、县长卢鸿钧、南通女子师范学校各撰一副。

因为书法造诣精深，张謇所书对联尤其为人珍视，沧桑百年，至今依然有数百副存世，绝大部分是张謇多次卖字时期的作品，对联内容则多是集前人诗句，而且大多不是张謇本人所集。当年想求得一副张謇撰书的题联不是一件容易的事情。1923 年，钱基博为其父钱祖耆求一联，张謇还是很给面子，破例撰书“金匮䌷（chóu）书有太史子，泰山耸秀若颍川君”八言联为赠。如今原迹已寻觅不得，某书家重写刻挂于钱钟书故居，可惜将其中的“䌷”误写为“抽”字。

翁同龢去世之前，写了一副自挽联遗嘱由张謇书，联云：“朝闻道夕死可矣，今而后吾知免夫。”而张謇也有自撰生挽联：“即此粗完一生事，会须长伴五山灵。”师生二人都用对联来总结自己的一生。

张謇一生创作数以千计的对联作品，为后人留下了丰厚的文化遗产，在《张謇全集》中可见其全貌。逸散在外的，有时也能见到，如著名京剧表演艺术家王瑶卿、王凤卿兄弟之母逝世，张謇撰书的一副挽联：“百年亦逆旅光阴，荠味能同荼味苦；二子并教坊领袖，梅郎所敬李郎师。”张謇所题对联散落在外的，也许还有不少。

徐俊杰

张謇与书法

张謇一生与书法结缘，是从幼年时期开始的，他从小就养成了每日习字临帖的习惯，一生都没有改变过。他的书法作品技法上不但让人觉得心悦诚服，而且非常注重书法的意境，呈现出了立意沉醉、外柔内刚、举止安和的特点。在教育方面，他积极主张孩童的书法培养。

张謇一生练字十分勤奋，尤其在青壮年时期，基本做到了夏练三伏，冬练三九，从不间断。人们翻开《张謇日记》、企业往来的《号信》时，定会为其中的书法惊叹：张謇自 22 岁起，坚持每天用工整的蝇头小楷记日记，一直写到临终前十四天提不动笔为止，这是一般人所做不到的。《张謇日记》及《号信》等不仅为我们研究张謇的生平及其思想提供了翔实、可靠的第一手资料，其本身就是一份难得的书法作品。从日记及信函中的小楷可知其书法特点：早年字体秀劲富碑帖气；晚年笔致沉雄融百家之长。

随手翻开《张謇日记》中某一页，就可以看到张謇勤奋读书、刻苦练字的情形。1873 年阴历十一月十三日，日记中写道：“雪，入冬以来，是日为最寒。读《三国志》。写字。”14 日他在日记中又写道：“雪霁、更寒。读《三国志·魏志》终。写字。”15 日：“寒如故，砚池水点滴皆冻，写不能终一字，笔即僵。”1874 年阴历七月初四日记中则有：“苦热，每写一字，汗辄雨下。”这些都表明了张謇对书法练习孜孜以求的态度。

在书写方法方面，张謇习书临帖反对一曝十寒，他所追求的是不求捷径的坚持不懈。他用超于常人的毅力和执着，凭借平静的心境和富有哲理的理念，研习书法，体味人生。在临摹时，他什么体都要练个三五十遍，其惊人的毅力是常人难以企及的。最令人感动的是张謇在临终前一个月，还在日记中记道：“六月十七日，临怀素四十二章草书。”张孝若在《南通张季直先生传记》中回忆：“我父在逝世前十四天还要写字，可是执了笔，却动不来了。”

张謇为了摆脱“馆阁体”的羁绊，刻苦临写各种碑帖，他一生中反复临写的碑帖主要有褚遂良的《枯树赋》，颜真卿的《麻姑仙坛记》《争座位帖》《自书告身帖》《藏公碑》，欧阳询的《醴泉铭》《皇甫碑》，孙过庭的《书谱》，以及《钟繇帖》《怀素帖》《爨龙颜》《瘗鹤铭》《曹娥碑》等。他从各家碑帖中汲取营养，并不拘泥某碑帖，转益多师，博采众长，为己所用，逐渐形成了自己的书法风格。张謇常说，“最初临帖要向古人，到了后来要有自己。”他又说道，“写字最要结构端正平直，绝不可怪，更不可俗。”晚清著名书法家俞樾曾写了一副楹联赞誉张謇：“陈太丘如是其道广；颜鲁公何止以书行。”对他以很高的评价，而又有史料称张謇的书法为“同光间书法第一”。

张謇不仅教儿子书法习字之道，而且还十分重视所办学校的书法教育，在他创办的各类学校中都要把书法作为修学的必修课，他还曾亲自给伶工学社的学生批阅书法作业。为了使学生学好书法，张謇精心选取碑帖，印为课本。他在1903年致友人的信中就提道：“此间定四月朔开学，因思国文中有书法一门，兼真、行、草三者，若人人求精本临摹，断无是事，即一人照备一份，书本亦不整齐。弟顷思得一法，取真、行、草各三四种，用影照石印，装订成本，即为各处学校教学课本。”

张莉

张謇与赠言

1916年夏，南通纺织专门学校首届毕业学员即将辞别母校。临行前，学员徐占三从学校所在地唐家闸出发，专程前往通城张謇寓所濠阳小筑，向校长告别。张謇于是作临别十四字赠言，说道：“若能洽和大众，即较胜于不学之人。”

三十年时光过去，弹指一挥间。在南通学院纺科第三届高职班毕业典礼上，时任教导主任的徐占三，结合自己投身纺织事业三十多个春秋的人生体验，把张謇校长当年的临别赠言，转赠给即将离校的全体毕业生，以作为学员今后立身社会、奉献事业的座右铭，一如当年张謇的期许。

人事沧桑，物换星移。又是半个多世纪，风云过眼。当年亲耳聆听徐占三老师临别教诲的宋正权，在他退休之后，常常回忆过去所受的教益，最刻骨铭心、不能忘记的，还是徐占三老师转赠张謇的那句“洽和大众”的临别寄语，宋正权感慨道：“一句临别赠言，受用终生！”

如同传家宝一样，又好像接力棒的传递，几代人心口相传。这样一则至今还没有在张謇著作或者文献记载中出现的“临别赠言”，为什么能够跨越百年风雨，在一届又一届纺校学子心中烙下印痕，成为他们信奉一生的人生哲理和阅世箴言呢？

原来，在我国早期工业化的发端期，纱厂的管理形同衙门，工头与吏役没有什么区别。他们既不懂纺织机械技术，也不明白工厂如何科学管理，是什么科学和有什么规律。大生纱厂早期的管理人员，多为买卖出身，虽然知晓经营之道，却不懂技术与管理，生产上的用工定员，都由洋人技师或目不识丁的领班、头目说了算，高高在上，如同一霸，加上恶习浸染，形成工厂管理中顽劣的行帮势力。张謇对此忧心忡忡，因此创建纺织专门学校，希望能够培养一批懂技术、精管理的纺织科技人才。

这无疑是有难度的。因为在很多人的认知里，读书与做官是有逻辑联系的，即便是技术管理，与大众在一起也觉得有失尊严。自负清高、恃才傲物的人，往往把自身推向孤援之境、无用武之地，不愿意把自身融于劳工大众，自然不利于实业发展和自身的职业提升。

张謇寄语纺织学校毕业学员“洽和大众”的教诲，凝聚着张謇的人生宝贵体验。他在不同的场合、针对不同的对象都有过类似语重心长的表述。张謇在给师范第十届本科毕业生致辞时，说道：“将以移俗，然后可以为人师。”移俗，最为关键的是深入大众、赢得大众之心。他两次在中国科学家年会上发表演说，都反复重申：“须能用科学方法，研究社会心理，量度社会经济，以为发展之标准。”要使科学推广适应当地的经济基础与民俗习惯。能顺应，就会事举业昌，反过来必遭挫顿。张謇自认为这是自己经历二十多年奋斗才得到的经验总结，“较胜”的关键在赢得大众。

“洽和大众”，其实是一种治学处世、待人接物、干事兴业的理念和态度，是张謇由书斋走向社会、将个体融入大众而上下求索的心路历程、做人做事做学问的良方。难怪为师者都把它作为宝物赠给爱徒高足。

姜平

张謇与勤俭

张謇一生以勤俭闻名，也以勤俭为德行，以勤俭为日常习惯和生活态度。关于勤俭的意思，张謇解释道：“夫勤者乾德也，乾之德在健，健则自强不息。俭者坤道也，坤之德在啬，啬则之俭之本。”他还说：“勤与惰角则勤者胜；俭与奢较则俭者胜。”怎样才算得上是勤俭呢？“天下之美德，以勤俭为基。凡致力学问，致力公益，致力品行，皆勤之事也；省钱去侈，慎事养誉，知足惜福，皆俭之事也。”

张謇的事业一度可谓红红火火，他完全可以享受锦衣玉食的奢侈生活。但是，他在为公益事业一掷千金的同时，却过着令人难以想象的俭朴生活。张謇穿的衣衫，有几件差不多穿了三四十年之久，平常穿的大概都有十年八年。如果袜子、棉袄破了，总是要缝补，直到补到不好再补，才肯换一件新的。每天吃的饭菜也很普通，不过一荤一素一汤，没有客人来访，向来不杀鸡鸭。写信用的信封，都是拿人家来信翻了过来，再将平日人家寄来的红纸请帖裁了下来，加贴一条在中间制成。有时候将包药的纸，甚至是废纸，拿过来作稿纸或者写便条用。他用空瓶子再做了一个塞子，冬天灌热水做“汤婆子”或焐手或暖脚。平常走路，看见一根铁钉或者是一块木板，都捡起来聚在一起，等到要用的时候都能派上用场。

张謇常说，应该用的，为别人用的，一千一万都得不眨眼，顺手就用；自用的或者消耗的，一分钱都得想想，都得节省。在他的家信中，张謇一再叮嘱夫人持家要“加意节省”，“每日菜蔬，一腥一素已不为薄。须是将债还清。”他还说：“凡人家用度，若但出入相当，已不足以预备非常之急，若复过度，则更不合处家之道。”第一次世界大战爆发后，张謇忧心忡忡，在给儿子的信中嘱咐道：“家中可告汝母，刻意节俭，为自立之图，非常之备。”张謇晚年对儿子说：“我死后非但没有钱给你，恐怕还有债留下来给你背。我难得有一个和我一样不爱钱财的儿子。”张謇逝世以后，果然债务不少。张孝若在悼念父亲的《哀启》中说道：先严“三十年来集众资经营各业，为江淮海地方生利者，现值逾万万金；以一己所应得，公诸通海地方作建设及经常费者，先后计数百万金。衣食于所营公私各事业待而生活者，士农工商合数十万户。而先严转负债累累，迄今弃养，所盈尚不足当所绌（chù），此则为远方人士所未及知”。

张謇为什么偏偏“不爱钱财”呢？原来他对金钱的看法，的确有些与众不同：“有钱人的势焰，实在难受，所以我非有钱不可。但是那班有了钱的人是一毛不拔做守财奴，我可是抱定有了钱，非全用掉不可。”他还说，“一个人的钱，要从我的手内拿进来，再用出去，方才算我的钱，不然还是人家的钱，或者是箱柜里边的钱。”“人单单寻钱聚财不算本事，要会用钱散财。”“我是穷人来，还是穷人去。”很显然，在张謇心目中，金钱不过是为大众做些实事的工具而已，而绝不是人生的终极追求。

张謇在建造厂房、校舍等用工用料，以及机器设备和生产原料采购方面，都是精打细算，想方设法“省用费，厚余利”，大生纱厂所用官方折算的机件有不少断烂损坏的，除实在不能使用的剔除外，“凡可以将就暂用者，仍搜求擦洗而用之，陆续易新。”张謇辛劳的情景更令人感叹：“寐不过三时，食不及两碗；客辄忘姓，语则忘时。”大生纱厂自筹办到开机出纱的四十四个月中，由于节省各项开支，

“一切费用，不及万金。”勤俭创业与守业，其实是事业成功之本，也是人生发展之源。张謇常常用曾国藩的那句话“用习劳苦之正人，日久自有大效”来激励自己和他人。

马斌

张謇与家风

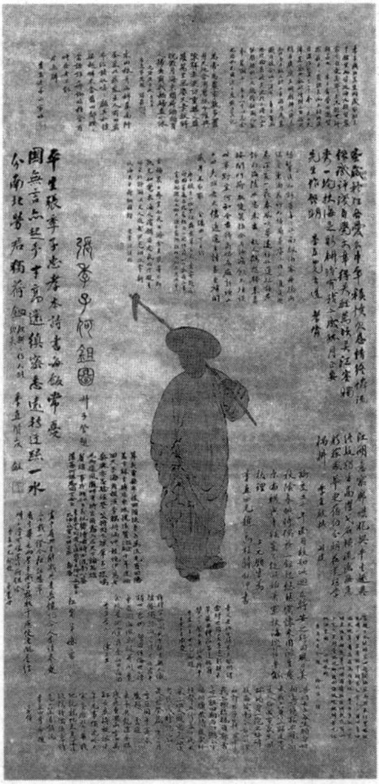

张謇脱离宦海而投身实业，不忘农家情怀，为此特请江宁画家单林作《张季子荷锄图》，并请师友在画上题词

张謇的优秀品质，来源于父母的言传身教。当张謇还只是四五岁的蒙童时，“通州、海门一带，旱灾蝗害，遍地皆是；粮食一贵，穷人更多，求借讨饭，跑上门来，一天总有十几起。祖父及祖母，常常节省饭食，分给大家，个个欢天喜地。”遇有饥民，张謇母亲吃饭时常常放下筷子，把杂有蚕豆的饭食让给讨乞的难民充饥。听到父母说饥荒是因为蝗虫这个害人之物而起，张謇就靠在门槛上，拾起木棒击打蝗

张謇集7位古人教子警言，书刻于石，作为家诫

虫。是父母给年幼的张謇上了同情弱者、明辨是非的第一堂课。

张謇的父亲张彭年平常坐小推车出门，过桥的时候，必定预先下车，自己走一段路再坐上去。他告诉人说：“这样一来，不但没有危险，还可活动筋骨；让车夫舒一舒气，省一省力。”张彭年心地仁慈影响张謇一生。张謇生母金氏乐善好施，弥留之际还吩咐说：“有钱先还欠债，即使自己还不富裕也要周济穷人。”张謇之子张孝若回忆道：“我家的一种安贫乐道、独立自重的家风，我曾祖传之祖父，祖父再传之我父，真所谓‘水有源，木有根’。”

张謇46岁得子，全家人欢喜得不得了。张謇挥毫作《怡儿生志喜》诗一首，写道：“生平万事居人后，开岁初春举一雄。大父命名行卷上，家人趁喜踏歌中。亦求有福堪经乱，不定能奇望作公。及汝成丁我周甲，摩挲双鬓照青铜。”张謇为儿子取名“怡祖”，小名“怡儿”，字孝若。张謇爱子但不宠子，在独子成长过程中为他写了大量书信，现存南通市档案馆的就有 125 件，博大而深沉的父爱跃然纸上。

张謇 43 时娶吴道愔为夫人，生子张孝若。吴道愔像

这些家书，突出了一个核心，即当尽人职、自立自强；明确了两个目标，即一是继承父业，二是为国雪耻；坚持了三条原则，即一是不事机诈、诚信务实，二是中西结合、兼收并蓄，三是情理交融、宽严有度。张謇晚年得子，自然对张孝若疼爱有加，但并不溺爱。张謇常对家人说：“小孩子溺爱他，就是害他。你们望他成立，就得严正地管教他。”据百岁老人、张謇嫡孙女张柔武晚年回忆说：“祖父 46 岁才做了父亲，在事业鼎盛时期又相继有了孙辈，自然对我们非常疼爱，但他对子孙的爱却从不放在脸上。”

张謇三兄张詧，为人精明干练，是张謇在南通创办各项事业的得力实施者

为了让优良家风世代相传，张謇1921年遴选刘向、诸葛亮、王修、颜之推、柳玭（pín）、胡安国、朱熹等7位古人的教子格言作为张氏《家诫》，并刻在石板上，以此勉励子子孙孙。他还在会客室题写“入水不濡，入火不爇；与子言孝，与父言慈”的对联。张謇曾向别人描述自己的家及其家人，说道：“我家外面，看似富贵人家，又似农村人家，然不是寻常农村人家；是读书为善守礼务本人家；不喜虚华，不谈势利。”“我是天地间一个独来独往一空倚赖的老书生……我儿子，是我家庭一个慈祥孝悌识事理有分晓

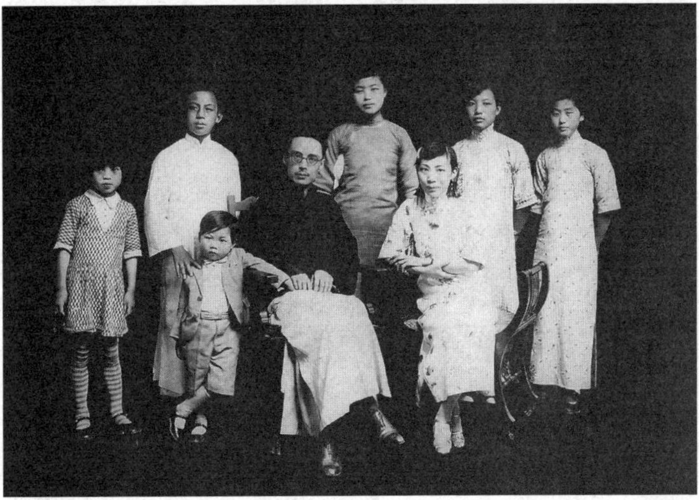

张孝若与家人合影。从左至右：四女聪武、长子融武、次子绪武、张孝若、二女柔武、夫人陈石云、长女非武、姨侄女沈絜

的好子弟……”

张孝若没有辜负父亲的期望。1920 年学成回国后帮助父亲成立南通自治会；两年后受政府特命，赴欧美十国考察实业，回国后整理成 30 万字的《考察欧美日本十国实业报告书》；1924 年被政府任命为驻智利国全权公使（未到任）；1926 年被任命为扬子江水道委员会会长。张謇逝世时，张孝若只有 27 岁。在经历了丧父之痛后，他广泛搜集资料，潜心整理出版了《南通张季直先生传记》《张季子九录》等，并继承父亲的遗志，经营父亲在南通地方的各项事业，被时人称为“民国四公子”之一。只可惜 1935 年死于非命，享年 38 岁。

张謇儿孙们都为国家的发展做出了贡献，而这都与良好的家教和家风密不可分。全国政协原常委、全国政协社会与法制委员会原副主任、全国工商联原常务副主席、张謇嫡孙张绪武追忆说：“祖父留下来的家风家训，我们晚辈深受浸润。”南通市政协原副主席、张謇嫡孙女张柔武在过百岁生日时，特地把与祖父理念一脉相承的新《三字经》送给她的后代：“国是家，善做魂，俭养德，诚立身……”

肖正德

楷 模

马 斌词
龚媛娟曲

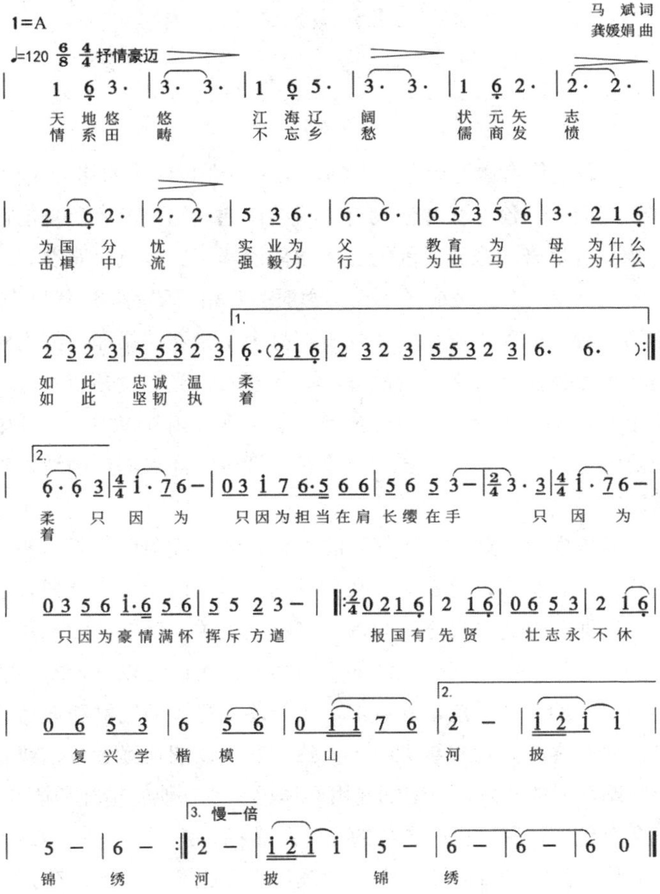
1=A
♩=120 6/8 4/4 抒情豪迈
天地悠悠 江海辽阔 状元矢志
情系田畴 不忘乡愁 儒商发愤
为国分忧 实业为父 教育为母为什么
击楫中流 强毅力行 为世马牛为什么
如此忠诚温柔
如此坚韧执着
1.
2.
柔 只因为 只因为担当在肩 长缨在手 只因为
着
只因为豪情满怀 挥斥方遒 报国有先贤 壮志永不休
复兴学楷模 山 河 披
2.
锦 绣 河 披 锦 绣
3. 慢一倍

后 记

张謇是近代南通的标志性人物，是生成今日南通的伟大人物。从这一点而言，没有张謇便没有今天的南通。当然没有历史的南通也就没有后来的张謇，因为江风海韵滋养了、成就了张謇。一人一城、一城一人就是这样水乳交融般的互相成就的。近代以来，南通的亭台楼阁和水榭厅堂，几乎都打上了张謇的烙印，因而张謇的故事也就是近代南通的故事，而张謇的眼光与襟怀所及，又不囿于南通，而是遍及东南与全国，甚至远涉国外多地。祈通中西便能眺望世界，因而张謇的故事又有许多漂洋过海、南通以外的精彩。

张謇是集聚了众多“标签”的人物，诸如我国近代著名的爱国实业家、教育家、慈善家、社会活动家等，堪称百科全书式的人物。实业教育慈善也好，政治经济文化也罢，他的业绩及其行动轨迹几乎涉及整个社会生活的方方面面，因而难以有一本书能够囊括张謇的一切。这本故事汇，也只能以粗犷的笔触和速写的风格，对张謇的人物故事进行了大致勾勒，试图让读者对张謇有一个粗略浅显的了解，而细细地用心体悟和践行他的精神和情怀，则需要有更多更深、更广更博的浏览和品鉴。

于是，我们怀着对江海大地的敬畏和对张謇的敬仰，在张謇情怀和精神的旗帜和号角下集结，一群热心张謇研究与传播的同人，用心用情用力地编写了这本书。这群人平时不喜张扬、甘于寂寞，又不是善于利用口舌之利特别能讲故事的人，因而名为“故事汇”实则比较平实平和，也无意追求色彩斑斓和跌宕起伏，更不会添油加醋。虽然有些故事的情节性、精彩性不够强，但故事主人公的开创性事业及其过程是令人震撼的。真实的情状、平实的叙事是编者坚守的底线；把事情及其原委说清楚、将来龙去脉讲明白是编者遵循的要旨。如果说过去的张謇研究大多在学术圈子里徜徉，而这次编者的意图则是试图实现从“居庙堂”到“接地气”的转变，让张謇故事成为人们耳熟能详、家喻户晓的精神食粮。

因为编者的水平所限，所以缺失恐怕在所难免，特向广大读者致歉。同时，更要向给本书提供无私帮助和指导的人们致敬。特别是要感谢年过九旬但依然精神矍铄、思路敏捷，为本书题写书名的张謇嫡孙张绪武先生，还要感谢热情提供相关图片的张慎欣副会长、认真审读校正的尤世玮顾问，也要感谢为本书出版助力的南通日报社的朱一卉主任等。

书稿审读完毕之时，正逢七月一日，这是张謇先生的生日，窃以为，这是最好的纪念。

编者

二〇二一年七月一日

书名题字者张绪武。图为张绪武年少时与母亲陈石云的合影